Lost & Dark Places
München

Kapitel 2:
Auch Engel verschlägt es manchmal an verlassene, düstere Orte.

Laura Bachmann und Anne Dreesbach

Lost & Dark Places MÜNCHEN

33 vergessene, verlassene und unheimliche Orte

BRUCKMANN

Kapitel 1: Am ehemaligen S-Bahnhof im Olympiapark toben sich zahlreiche Graffiti-Künstler aus.

Inhalt

Kapitel 14: Was diese Grabsteine wohl mit Graf Dracula zu tun haben?

Kapitel 33: Auf historischer Spurensuche im Polizeimuseum

Kapitel 27: Ein seltener Anblick in München: eine verlassene Villa

Schauriges in schöner Landschaft

Nachdem wir die Lost & Dark Places Oberbayern schreiben durften, lag es natürlich auf der Hand, dass wir auch die düstersten und verlassensten Orte unserer Wahl- bzw. Heimatstadt ergründen, zusammentragen und vorstellen wollen.
Nach der Arbeit an zahlreichen Reiseführen zu Münchens liebevollsten Orten, zu den geheimsten Ecken der Stadt oder gar für unsere vierbeinigen Freunde kennen wir beide die bayerische Landeshauptstadt wie unsere berühmte Westentasche und brannten nun darauf, endlich auch die dunkelsten Geheimnisse unserer Lieblingsviertel auszugraben.

Als geplante »Hauptstadt der Bewegung« gibt es in München viele Orte mit einer düsteren Vergangenheit, die an die Gräueltaten der Nationalsozialisten erinnern. Darüber hinaus war unsere so idyllisch scheinende Lieblingsstadt aber auch Schauplatz bestialischer Morde, die nicht politisch motiviert, sondern das Werk von Psychopathen waren. Aber auch dieses Mal liegt unser Interesse nicht nur auf den »Dark Places«, auch verlassene Plätze sollen hier nicht zu kurz kommen. Selbst wenn man im ersten Moment denken mag, dass Leerstand und München (Hallo Mietpreise?) so gar nicht zusammenpassen, haben wir es geschafft, einige wunderschöne verfallene Orte aufzuspüren, an denen die Zeit still zu stehen scheint. Dieser Dark Tourism Guide wäre kein solcher, wenn wir nicht auch auf den wichtigsten Friedhöfen der Stadt wandeln würden und nicht mindestens zwei Spukgestalten, die außerhalb von Friedhofsmauern wandeln, ausgegraben hätten! Man merkt, wir haben keine Mühen gescheut und keine Recherche war uns zu viel, trotzdem sind wir sehr dankbar für tatkräftige Unterstützung von: Christina, Eva, Magdalena, Simon H. und Simon S. sowie Victoria! Nun aber genug der Vorrede, jetzt heißt es reinlesen, entdecken und gruseln – wir wünschen viel Freude dabei!

Kapitel 23: Der König der Tiere wacht über den kranken König von Bayern.

Verhaltensregeln im Lost Place

1. Behandeln Sie die Orte mit Respekt

Jedes Bauwerk und jedes Gebäude erzählen eine Geschichte aus vergangenen Tagen. Dies gilt es zu schützen. Und auch wenn es teilweise nicht so aussieht, so hat doch jeder dieser Lost & Dark Places einen Eigentümer. Das sollte respektiert werden. Das beinhaltet vor allen Dingen, dass nichts zerstört oder gewaltsam geöffnet wird. Sind Fenster oder Türen verschlossen, sollte das auch so bleiben. Gehen Sie respektvoll mit dem Ort um – sei es eine Kultstätte im tiefsten Wald, eine baufällige Ruine oder eine prachtvolle Kirche.

2. Nehmen Sie nichts mit, lassen Sie nichts da

Wenn Sie etwas von einem Lost oder Dark Place mitnehmen, und sei es noch so klein, ist das Diebstahl. Wie bereits in Punkt 1 gesagt, alle diese Orte haben einen Eigentümer. Daher gilt die Regel: Alles bleibt, wie es ist – Sie möchten ja auch, dass andere Entdecker den Ort genauso schön vorfinden, wie Sie! Belassen Sie es bei den schönen Einblicken und Fotos, die Sie an dem Ort machen. Gleiches gilt auch umgekehrt: Lassen Sie nichts liegen. Keine Essensreste, keine Kaugummis, keine Kippenstummel.

3. Rauchen verboten

Das bringt uns zum nächsten Punkt: Rauchen verboten. Zollen Sie dem ehrwürdigen Ort Respekt und verzichten Sie für die Zeit, die Sie da sind, aufs Rauchen. Kippenstummel brauchen nicht nur 15 Jahre zum Verrotten (sie sollten übrigens nirgends achtlos weggeworfen werden), sondern können schnell ein Feuer verursachen.

4. Keine Graffiti

Dass Sie nichts hinterlassen sollen, gilt auch für Kunstwerke an den Wänden. Man sprüht einfach nicht auf fremdes Eigentum, sei es noch so schön. Lassen Sie die Wände, wie sie sind, sodass auch noch Menschen nach Ihnen den Ort so erleben können, wie er früher einmal war.

5. Seien Sie vorsichtig

Vorsicht ist besser als Nachsicht. Das gilt vor allem bei Lost Places oder Orten, die von rauer Natur umgeben sind. Marodes Holz, verrostete Geländer, einsturzgefährdete Decken, lockere Böden (teilweise befinden sich noch Kellergeschosse darunter), eingeschlagene Fenster – die Liste der Gefahren an solchen Orten ist lang. Auch Schluchten, Steilhänge im Wald oder die Tiefe eines Sees können gefährlich werden. Seien Sie daher immer wachsam. Begeben Sie sich niemals in Gefahr für das eine Foto. Das ist es nicht wert. Treppen und obere Etagen sind eine gängige Gefahrenquelle. Schauen Sie sich deshalb den Zustand der Treppe und der Decke in Gebäuden genau an. Nehmen Sie auch eine Taschenlampe und ausreichend Batterien für dunkle Räume und Keller mit.

6. Gehen Sie nicht allein

Es ist ratsam, immer mindestens zu zweit, besser noch zu dritt einen Lost Place zu besuchen. Da gilt die alte Regel: Ist eine Person verletzt, bleibt die zweite vor Ort und die dritte holt Hilfe. Zudem weiß man nie, wen man vor Ort trifft. Plünderer, Spinner und besoffene Jugendliche sind auch oft in Lost Places anzutreffen. Da ist es beruhigender, nicht allein unterwegs zu sein.

7. Erregen Sie kein Aufsehen

Da die Lost Places in Privatbesitz sind, gilt auch hier »Betreten verboten«. Auch, wenn das Tor angelweit offen steht oder ein riesiges Loch im Zaun klafft. Ebenso ist es ratsam, sein Auto nicht direkt vor dem Gelände zu parken. Schauen Sie beim Betreten des Geländes auch immer, dass niemand Sie sieht.

Ausrüstung

Wir empfehlen Folgendes:

- Festes Schuhwerk, hohe Socken (Schutz vor Zecken)
- Reißfeste Kleidung, ggf. leichte Regenjacke
- Kamera inkl. Zusatzakku, Speicherkarten, Stativ
- Proviant und Getränke (nehmen Sie aber alles wieder mit)
- Kopf- oder Stirnlampe für freie Hände
- Taschenlampe mit weitem Winkel für Keller und dunkle Räume
- Taschenmesser
- Aufgeladenes Handy (ggf. Powerbank)
- Notizblock und Stift
- Pflaster und Taschentücher für Verletzungen
- Mücken- und Zeckenspray

Kapitel 2: Auf dem Alten Südfriedhof wirken die Grabmale wie schwermütige Kunstwerke.

Kapitel 11:
Stumme Zeugen eines grauenhaften Terroraktes

1 Der Geisterbahnhof am Olympiapark

Verfall statt Verkehr

Ungenutzt und vergessen befindet sich im Norden der bayerischen Landeshauptstadt der Lost Place München: ein stillgelegter Bahnhof

München, Oberbayern **Ort** ehem. S-Bahnhof im Olympiapark München, Spiridon-Louis-Ring 21, 80809 München **GPS** 48.175376, 11.556283 **Anfahrt** Mit der U-Bahn zum Georg-Brauchle-Ring, dann zu Fuß weiter über die Riesstraße

Auch die bunten Wände täuschen nicht über den fortschreitenden Verfall des alten S-Bahnhofs hinweg.

Ein kurzlebiger Bahnhof An den einstigen Nutzen dieses Bahnhofs, nämlich die Bewältigung enormer Besuchermassen, erinnert heutzutage rein gar nichts mehr. Die ehemalige S-Bahnstation am Riesenfeld wurde Anfang der 1970er-Jahre im Vorfeld der Olympischen Sommerspiele 1972 errichtet, um die U-Bahnstation Olympiazentrum während des Großereignisses zu entlasten. Zuvor waren die Gleise bereits 80 Jahre unbenutzt, nachdem die Bahnstrecke nach Landshut auf weiter westlich liegende Gleise verlegt worden war. Natürlich hauchte die Errichtung des neuen Bahnhofs den verschlafenen Gleisen neues Leben ein und im Sommer 1972 strömten unzählige begeisterte Fans zu den Sportstätten im Norden der Stadt. Damit diese nicht alle auf die U-Bahnlinien U3 und U6 angewiesen waren, wurden extra die drei S-Bahnlinien S5, S11 und S25 eröffnet. Nach den Sommerspielen wurden die Linien jedoch nicht weiter für den regulären Personenverkehr genutzt, sondern dienten ab sofort durch die Linien S8 und S11 nur noch der Beförderung zahlreicher Fußballfans zum Olympiastadion. Nach einem tragischen Unfall spielender Kinder 1988 wurde die Fahrleitung endgültig abgeschaltet und demontiert. Seither ist dieser tote Bahnhof sich selbst überlassen und dem Verfall preisgegeben. Ein Abriss ist keine Option, da der Bahnhof wie der gesamte Olympiapark unter Denkmalschutz steht. Doch nicht nur der Denkmalschutz verbindet die Bauten des Geländes, sondern auch eine tragische Vergangenheit.

Tagsüber herrscht hier gähnende Leere – was mag sich wohl nachts hier abspielen?

Olympia-Attentat Für München war es eine Ehre, ein solch freudiges Ereignis wie die Olympischen Sommerspiele ausrichten zu dürfen. Doch blicken wir heute in den Spätsommer 1972 zurück, lösen die Erinnerungen wohl bei niemandem Gefühle der

Kaum vorstellbar: Auf diesen Gleisen beförderten Münchner S-Bahnen Menschenmassen zu großen Sportereignissen.

Dieser Lost Place ist natürlich auch ein beliebtes Motiv für Hobbyfotografen.

Freude aus, denn das Sportfest wurde von einem grauenhaften Akt des Terrors überschattet: Am 5. September 1972 überfielen acht Mitglieder der palästinensischen Terrororganisation »Schwarzer September« in den frühen Morgenstunden die Unterkunft israelischer Sportler im Olympischen Dorf. Die Geiselnehmer wollten die Freilassung von 232 Palästinensern und des japanischen Terroristen Kōzō Okamoto aus israelischer Haft erpressen. Zudem forderten sie die Freiheit der RAF-Terroristen Andreas Baader und Ulrike Meinhof. Im Zuge der Geiselnahme kamen bereits zwei der israelischen Sportler zu Tode. Am Morgen stellten die Geiselnehmer ein Ultimatum, das ihnen um 12 Uhr mittags eine Flucht mit dem Flugzeug ermöglichen sowie einen Großteil ihrer eingangs genannten Forderungen erfüllen sollte. Auf das Angebot, die Geiseln durch deutsche Politiker ersetzen zu lassen, gingen die Terroristen nicht ein. Das Ultimatum konnte zwar durch Verhandlungen mehrfach verschoben werden, jedoch scheiterte eine für 22 Uhr angedachte Befreiungsaktion dadurch, dass im Radio und Fernsehen davon berichtet wurde und die Geiselnehmer auf diese Weise davon erfuhren. Die Lage spitzte sich weiter zu und eine Flucht nach Kairo sollte – zumindest scheinbar – ermöglicht werden. Diese sollte vom Fliegerhorst Fürstenfeldbruck aus erfolgen, wo jedoch Scharfschützen positioniert wurden, um rechtzeitig einzugreifen und die Geiseln zu befreien. Aus zahlreichen Gründen (die Panzerfahrzeuge kam zu spät an, vor Ort waren zu wenige und nicht ausreichend ausgebildete Präzisionsschützen im Einsatz) scheiterte der Zugriff und endete nach einem mehr als zweistündigen Schusswechsel schließlich mit einer furchtbaren Bilanz: Alle neun verbliebenen Geiseln sowie ein am Schusswechsel nicht beteiligter Polizist und fünf der acht Geiselnehmer starben. Im Olympiapark erinnert seit 2017 ein Gedenkort an die Opfer dieses schrecklichen Ereignisses.

Ein ruhiges Leben nach dem Tod Doch wie erging es den sogenannten Geister-Gleisen die letzten drei Jahrzehnte? Trotz Verfall und Vegetation ist der alte Bahnhof als solcher noch sehr gut zu erkennen. Das Gleisbett mit vier Gleisen und einem Umfahrungsgleis ist zum größten Teil noch recht gut erhalten und auch die Tunneldurchfahrt, einige mechanische Strukturen des Stellwerks sowie die übrigen Gebäude befinden sich noch an Ort und Stelle. Natürlich hat sich die Natur wieder einiges des insgesamt über 6 Hektar großen Geländes zurückerobern können, was in Verbindung mit dem verlassenen Bahnhof jedoch eine ganz besondere Atmosphäre schafft. Hier kann sich ungestört eine vielfältige Flora breitmachen, sodass man sogar Raritäten wie den Ysop, den Echten Lavendel, die kriechende Zwerg-Mispel und das Winter-Bohnenkraut finden kann. Im Jahr 2011 erwarb die Stadt München das Gelände von der Bahn und so sollte das Stück Sapporobogen und Eisenbahn-Nordring in ein neues Radwegenetz eingebunden werden. Zudem standen verschiedene Konzepte einer frei zugänglichen kulturellen Nutzung im Raum. Von den Zukunftsplänen konnte bis jetzt noch keiner realisiert werden, da die auf dem Gelände befindlichen Schadstoffe zunächst abgetragen und entsorgt werden müssen. Bis dahin bleibt es also weiterhin ruhig auf den Geister-Gleisen – oder?

Halloween im Olympiapark

Streetart at ist best Dass es am alten Bahnhofsgelände doch nicht ganz so totenstill zugehen kann, lassen die zahlreichen, teils beeindruckenden Graffiti an sämtlichen noch erhaltenen Wänden vermuten. Im Zusammenspiel mit dem herrlichen Grün der wilden Pflanzen verwandelt sich dieser triste Ort vor allem im Sommer zu einem bunten – wenn auch verlassenen – Fleckchen: eine Ruheoase mitten in der Stadt und absolut einen Besuch wert! Selbstverständlich gilt hier – wie bei allen anderen Lost Places – Absperrungen ernst zu nehmen und nichts zu verändern. Auch wenn die bereits vorhandenen Wandmalereien noch so schön sein mögen, lassen wir die Farbdosen daheim und begnügen uns damit, den Ort mit respektvollem Abstand zu erkunden; das funktioniert hier nämlich auch trotz der Absperrungen sehr gut, da man wirklich größtenteils freien Blick auf das gesamte Gelände hat.

Das besondere Erlebnis

Wer sich für stillgelegte Gleise interessiert und auf den Spuren einstiger pulsierender Verkehrsadern wandeln möchte, der sollte sich auf den Weg in den Münchner Südwesten machen: Von der einstigen Isartalbahn wurde zwar ein gutes Stück ins heutige S-Bahnnetz der Stadt integriert, dennoch lassen sich auch etliche überwucherte Gleisstücke finden.

Hier sehen wir die am besten versteckte Kunstgalerie Münchens.

2 Der Alte Münchner Südfriedhof

Ein begehbares Geschichtsbuch

Der Alte Münchner Südfriedhof repräsentiert nicht nur das kulturelle und wirtschaftliche Leben des 19. Jahrhunderts, sondern gewährt auch Einblicke in die düsteren Seiten des damaligen Alltags.

Rechte Seite: Auf dem Friedhofsgelände an der Thalkirchner Straße gibt es so einiges zu bestaunen.

München, Oberbayern **Ort** Thalkirchner Str. 17, 80337 München **GPS** 48.127196, 11.565081 **Anfahrt** Mit der U-Bahn zum Sendlinger Tor, dann weiter über die Thalkirchner Straße

Der Schwarze Tod fordert mehr Platz 1563 sah sich Herzog Albrecht V. gezwungen, außerhalb der Stadtmauern einen Friedhof anzulegen. Der schwarze Tod forderte nämlich auch unter den Münchnern zahlreiche Opfer, für die die vorhandenen Ruhestätten in der Stadt bei Weitem nicht mehr ausreichten. So entstand der »Äußere Friedhof«, auf dem neben den Pestopfern vor allem arme Leute, gesellschaftliche Außenseiter und Selbstmörder bestattet wurden – außer, sie waren protestantisch oder jüdisch, denn deren Beisetzung war auf dem Friedhof damals noch nicht gestattet. Leute der oberen gesellschaftlichen Schichten hingegen wollten meistens nicht auf dem Äußeren Friedhof begraben werden, sondern auf den Kirchhöfen innerhalb der Stadtmauern, um auch nach ihrem Ableben noch mitten im Geschehen zu sein.

Der klassische Gruselort: ein alter Friedhof

Massaker an Weihnachten 1705 wurde der Friedhof vor dem Sendlinger Tor zum Schauplatz eines blutrünstigen Kampfes. Bauern aus dem Alpenvorland wollten die Unterdrückung der österreichisch-kaiserlichen Besatzungsmacht nicht mehr erdulden und beschlossen, das besetzte München zu stürmen. In der sogenannten Sendlinger Mordweihnacht scheiterten sie mit ihrem Vorhaben aber kläglich. Es fielen über 1000 Bauern. 682 von ihnen wurden in mehreren Massengräbern auf dem heutigen Alten Südfriedhof begraben. 1818 sollte ihnen ein Denkmal errichtet werden. Es wurde auf dem großen, verwahrlosten Grabhügel nahe der südlichen Umfassungsmauer aufgestellt, unter dem gemäß der Überlieferung hunderte Opfer der Bauernschlacht begraben sein sollen. Heute

gilt das Denkmal als Münchens erstes Kunstwerk im Stil der Neugotik und kann noch immer im Originalzustand besichtigt werden.

Vom Ort für Außenseiter zum »Place to be« Zwischen 1774 und 1789 wurden viele innerstädtische Kirchhöfe nach und nach geschlossen und teilweise sogar eingeeb-

net und gepflastert. Grund dafür waren die gesundheitsschädlichen Dämpfe, die laut einem medizinischen Gutachten von den übervollen Friedhöfen in der Stadt ausgingen. 1789 ließ Kurfürst Karl Theodor II. schließlich alle Bestattungen innerhalb der Stadtmauern grundsätzlich verbieten. Gemäß staatlichen Bestimmungen und gegen den Protest von zahlreichen Münchner Bürgern wurden Gebeine aus

Die Geschichte dieser Ruhestätte reicht bis ins 16. Jahrhundert zurück – die Zeit des Schwarzen Todes.

von
Völderndor
und
Waradein.

vormals innerstädtischen Kirchengrüften und Grabstätten in den ehemaligen Pestfriedhof verlegt und dann meist lediglich in Massengräbern bestattet. Damit wurde der Äußere Friedhof zum Zentralfriedhof Münchens und zur einzigen Begräbnisstätte des gesamten Stadtgebiets. Tote aller Stände und Berufe wurden hier begraben, egal ob arm oder reich. So liegt der Arzt unter ehemaligen Patienten und der Richter neben dem verurteilten Mörder, dessen Opfer und den Zuschauern seiner Hinrichtung. Der Alte Münchner Südfriedhof ist damit ein begehbares Geschichten- und Geschichtsbuch, denn auch viele bekannte Persönlichkeiten haben hier ihre letzte Ruhe gefunden. Darunter die Maler Christian Morgenstern und Carl Spitzweg, außerdem Franz Strauss, der Vater des Komponisten Richard Strauss, und auch August von Voit, Architekt der Neuen Pinakothek und des Glaspalastes in München.

Auf du und du mit den Grabskulpturen: Die alte Aussegnungshalle auf dem Südfriedhof München wurde zu einem Friedhofsmuseum umgebaut, zu einem sogenannten Lapidarium.

Heute ruht der Friedhof selbst in Frieden Bis 1868 war der Alte Südfriedhof der einzige Friedhof Münchens, der dann aber durch den heutigen Alten Nördlichen Friedhof als weiterer Begräbnisort ergänzt wurde. Ganz eingestellt wurde der Bestattungsbetrieb im Münchner Süden aber erst 1944, denn der Boden war aufgrund der zahlreichen Beerdigungen der letzten 300 Jahre mit Knochen und sterblichen Überresten »übersättigt«. Außerdem wurde das Friedhofsgelände während des Zweiten Weltkriegs durch Bombenabwürfe schwer beschädigt. Erst 1953 wurde er wieder aufgebaut und 1973 schließlich unter Denkmalschutz gestellt. Jahr für Jahr wird nun eine Auswahl an monumentalen Grabmälern saniert. Im Zuge dieser Arbeiten wurde 2012 auch eine Gruft geöffnet – zum ersten Mal nach Jahrzehnten. Darin entdeckte man Särge in erstaunlich gutem Zustand. Heute finden auf dem Alten Südfriedhof keine Beisetzungen mehr statt. Doch die Begräbnisstätte bleibt ein Ort der Ruhe und viele Münchner und Besucher genießen hier einen Moment der Stille im Großstadttreiben. Hier finden sie Kunst und Natur, Leben und Tod vereint.

Das besondere Erlebnis

Von besonderem kunsthistorischem Interesse ist auch das Lapidarium im Alten Südlichen Friedhof. Die ehemalige Aussegnungshalle wurde 2009 zum Museum umgestaltet und zeichnet heute anhand von Exponaten die Geschichte, Architektur und Bestattungskultur des Südlichen Friedhofs nach. Das Lapidarium ist durch das Eingangsgitter jederzeit einsehbar und wird im Rahmen von Führungen oder Sonderveranstaltungen zugänglich gemacht.

Linke Seite: Doch nicht nur gruseln funktioniert hier außerordentlich gut – man kann hier auch in aller Ruhe seinen Gedanken nachhängen.

3 Der Alte Nördliche Friedhof

Eine Oase (der letzten Ruhe)

Mitten im bunten, studentischen Treiben der Maxvorstadt befindet sich hinter geheimnisvollen Mauern ein ganz besonders stiller Ort.

München, Oberbayern **Ort** 80799 München, Arcisstraße 45 **GPS** 48.153481, 11.571663 **Anfahrt** Mit der U2/U8 zum Josephsplatz oder mit den Buslinien 153/154 zur Arcisstraße

Die Mauer des Alten Nördlichen Friedhofs – heute eine beliebte Joggingstrecke

Platzmangel auf Münchner Friedhöfen Wenn man an das Bevölkerungswachstum einer Stadt denkt, ist man verführt zu glauben, dabei gehe es nur darum, dass mehr Kinder geboren werden und mehr Menschen zuziehen – die Kehrseite der Medaille sieht leider so aus, dass dort, wo mehr Menschen leben, auch mehr Menschen sterben. Vor diesem Problem stand die bayerische Landeshauptstadt nicht nur im 19. Jahrhundert. Bereits im 18. Jahrhundert musste eine neue Begräbnisstätte errichtet werden. Jedoch wollte man den Tod doch nicht ganz so direkt vor der eigenen Haustür finden, weshalb 1789 ein Verbot von Bestattungen *intra muros* (innerhalb der Stadtmauern) erlassen und daraufhin der Südfriedhof an der Thalkirchner Straße errichtet wurde. Dieser reichte allerdings recht schnell nicht mehr aus, weshalb man auch im Norden – der Maxvorstadt – einen Friedhof errichten musste.

Eine Stätte der Sakralkunst In den späten 1860er-Jahren nach einem Entwurf von Arnold Zenetti errichtet, war der Alte Nordfriedhof zwischen 1869 und 1944 »in Betrieb«. Das Gelände in Form eines Rechtecks setzt sich aus 16 gleich großen Feldern zusammen, deren zentraler Mittelpunkt ein großes Kreuz bildet. Bis in die Mitte des 20. Jahrhunderts entstand hier eine wahrhaftig atemberaubende Ansammlung sakraler Kunst: Prächtige Grabmale und majestätische Arkadengruften zierten den Alten Nördlichen Friedhof zuhauf. Doch wie so viele schöne Kunstwerke fiel auch ein Großteil dieser Planungen der NS-Politik und dem Zweiten Weltkrieg zum Opfer. Im Zuge der größenwahnsinnigen Bestrebungen, eine »Hauptstadt der Bewegung« zu errichten, war die Verbindung der Isabellastraße mit der Luisenstraße zu einer Prachtallee anvisiert worden. Dieser stand der Friedhof allerdings im Wege, weshalb der Bestattungsbetrieb dort ab 1939 langsam eingestellt wurde. Nach Bombenschäden durch Luftangriffe während des Krieges 1944 fand er dann sein endgültiges Ende.

Zwischen den Grabsteinen lässt es sich in geschichtsträchtiger Atmosphäre umherspazieren.

Viele Kreuze erinnern an Münchner Schicksale.

Von der Ruhestätte zur Ruheoase Der stillgelegte Friedhof wurde zum Naturschutzgebiet mitten in der Stadt und wird heute gern – selbstverständlich unter Achtung der gebotenen Pietät – als Parkanlage genutzt. So spielt sich zwischen alten Grabsteinen das schöne Leben in Form von lauschigen Spaziergängen oder gemütlichen Picknicks ab. Was tagsüber äußerst romantisch anmutet, kann mit Beginn der Dunkelheit jedoch ganz schön unheimlich werden: Die schönen Kreuze und Statuen wirken in der Nacht sicher bedrohlicher als bei Tageslicht. Wer aber Fan düsterer und einsamer Orte ist, der lässt sich auch davon nicht bei seinem nächtlichen Spaziergang beirren – oder doch?

Das besondere Erlebnis

Der Alte Nördliche Friedhof ist unter Sportlern sehr beliebt. Eine Runde um das Areal misst ziemlich genau 750 Meter, weshalb sich hier viele Jogger tummeln. Wir empfehlen, die Sportstunde mal mit der Geisterstunde zu verbinden – damit ist die Extraportion Adrenalin garantiert.

Zwischen vielen Bäumen und Grün wirken die Grabmale eher friedlich als bedrohlich.

4 Am Maxtor ist man niemals allein

Das dicke Gespenst hängt sich an Jedermanns Fersen

200 Kilogramm schwer und 2 Meter groß – ein wahrhaftiger Koloss soll nächtliche Spaziergänge durch die Münchner Altstadt zu wahrhaftigen Spießroutenläufen machen.

München, Oberbayern **Ort** Prannerstraße, 80333 München **GPS** 48.14162, 11.57305 **Anfahrt** Mit der U4/U5 zum Stachus oder der Tram 16, 17, 19, 20, 21 zum Lenbachplatz

Ein hartnäckiger Verfolger Das folgende Szenario ist wohl der Klassiker schlechthin unter den Situationen, die man am liebsten niemals am eigenen Leib erfahren möchte und die deswegen auch gern regelmäßig in Krimis oder Horrorfilmen zum Einsatz kommen: Nachdem man einen netten Abend in geselliger Runde verbracht hat, was mit Sicherheit in naher Zukunft wieder möglich sein wird, muss man auf dem Heimweg plötzlich feststellen, dass man von einer unheimlichen, schweigenden Gestalt verfolgt wird – ein zweiter Schatten, der an einem klebt und sich nicht abschütteln lässt. Das einzige Geräusch, das man noch wahrnehmen kann, ist der Rhythmus des fremden Schrittes, der den eigenen bis ins Detail nachahmt und immer lauter in den Ohren dröhnt … Obwohl allein die Vorstellung bei den meisten Menschen ein mehr als mulmiges Gefühl auslösen dürfte, gibt es einen Ort in München, der genau wegen solcher Vorkommnisse besonders gern von jenen aufgesucht wird, die den Nervenkitzel nicht scheuen: das Maxtor.

Im Dunkeln am Maxtor? Nur etwas für Mutige …

Das dicke Gespenst vom Maxtor Hier soll seit Beginn des 19. Jahrhunderts ein Gespenst sein Unwesen treiben, das, wie oben beschrieben, einsame Passanten in der Dunkelheit aufsucht und ihren Heimweg zum Spießrutenlauf werden lässt. Den Berichten zufolge handelt es sich um einen Mann, dessen Aussehen vor allem von seiner unglaublichen Leibesfülle geprägt ist. »Breit wie hoch« dürfte es wahrscheinlich ziemlich gut treffen. Auch sein Gesicht bleibt in Erinnerung: eine fahle, aufgeschwemmte Masse, die keinerlei Regung zeigt. Dieser stumme Begleiter hat nun die Angewohnheit, wie aus dem Nichts aufzutauchen und sich an die Fersen seines Opfers zu heften. Bemerkenswert ist allerdings, dass in sämtlichen Schilderungen kein einziges Mal von einem versuchten Angriff die Rede ist. Was bezweckt der Fremde also mit sei-

Tagsüber unscheinbar, nachts die Heimat eines aufdringlichen Geistes

nem Verhalten? Vielleicht können wir über die Lage des Maxtors eine mögliche Antwort herleiten.

Ist der Hintergrund doch ein ganz anderer? Das Maxtor wurde 1805 von Nikolaus Schedel von Greiffenstein, dem damaligen Stadtbaudirektor von München erbaut, und zwar genau dort, wo ein Teil der ehemaligen Stadtmauer verlief. Das Tor besteht aus einem Haupttor inmitten zweier Pfeiler sowie aus zwei kleineren Seitentoren für Fußgänger. Den Sturz jedes dieser kleinen Tore ziert ein steinerner Löwe, weswegen man auch vom Löwentor spricht. Zu Zwecken der Verteidigung wurde das Maxtor nie genutzt, vielmehr stellt es einen optischen Abschluss des Areals rund um die Mündung der Prannerstraße in den Maximiliansplatz dar. Der Grund hierfür ist die Tatsache, dass Karl Theodor (1724–1799), der bayerische Kurfürst, im Jahr 1795 die Festungseigenschaft Münchens aufhob und somit das komplexe System der Stadtbefestigung, das seit dem 12. Jahrhundert kontinuierlich erweitert wurde und aus mehreren Stadtmauern und Gräben bestand, überflüssig machte. Bereits kurze Zeit nach diesem Beschluss wurde mit der Abtragung der Stadtbefestigung begonnen. Vor diesem Hintergrund kann man sich nun berechtigterweise die Frage stellen, ob unser fülliges Gespenst in Wahrheit gar nichts Böses im Schilde führt, sondern eher jene Aufgabe weiterführt, der vor mehreren hundert Jahren an genau diesem Ort nachgegangen wurde: dem Schutz vor feindlichen Angriffen …

Das besondere Erlebnis

Wem ein nächtlicher Besuch des Maxtors alleine zu unheimlich ist, der schließt sich am besten mit Gleichgesinnten zusammen und nimmt an der Stadtführung »Schauriges München« teil und kann somit gleich noch weitere Gruselorte in der Altstadt entdecken.

5 Zu Besuch im Kopf der größten Münchnerin

Die Bavaria Ludwig von Schwanthalers

In München steht der größte Bronzehohlguss der Welt mit Blick auf die Theresienwiese und unvorstellbarerweise kann man im Kopf der Bavaria sogar Platz nehmen und die Aussicht genießen.

München, Oberbayern **Ort** Theresienhöhe 16, 80339 München **GPS** 48.130732, 11.545942 **Anfahrt** Mit der U4/U5 bis zur Theresienwiese

Bayerisches Selbstbewusstsein König Ludwig I. von Bayern (1786–1868), an so vielen Stellen verantwortlich für die schöne Stadt München, wie wir sie heute kennen, hatte schon als Kronprinz die Idee, auch in seiner Residenzstadt ein patriotisches Denkmal errichten zu lassen. 1833 wurde dafür ein Bauvorhaben ausgeschrieben. Ziel war eine Ruhmeshalle oberhalb der Theresienwiese, in der die Büsten von etwa 200 verdienten deutschsprachigen Menschen zu sehen sein sollten. Leo von Klenze (1784–1864) gewann diesen Wettbewerb, und zwar wohl vor allem, weil er eine riesige Statue vorschlug, die vor der Ruhmeshalle stehen sollte, eine Bavaria, wie sie die Welt noch nicht gesehen hatte. Ludwig I. schrieb nach dieser Entscheidung: »Nero und ich sind die einzigen, die so großes gemacht haben, seit Nero keiner mehr.« Genug Selbstbewusstsein war also vorhanden, um dieses grandiose Vorhaben anzugehen. Während Klenze sich allerdings die Bavaria eher als »griechische Amazone« vorstellte, schwebte Ludwig von Schwanthaler (1802–1848) etwas ganz anderes vor. Schwanthaler und der Erzgießer Johann Baptist Stiglmaier sowie sein Neffe Ferdinand von Miller hatten am 28. Mai 1837 den Vertrag über die Herstellung unterzeichnet. Schwanthaler war Romantiker und Mitglied mehrerer Münchner Mittelalter-Zirkel und schon deswegen von den klassizistischen Vorgaben Klenzes nicht begeistert. Und so begann er bald, eigene Entwürfe zu zeichnen, und zwar von einer germanischen Bavaria: in ein Bärenfell gehüllt, einen Eichenkranz auf dem Haar und einen in der Hand, ein Dolch in der anderen Hand, dazu ein unruhig dastehender Löwe, der zu allem bereit zu sein scheint. Und der König war zufrieden mit diesem Entwurf, wollte er doch die kontroversen Kunstauffassungen seiner Zeit in ein und demselben patriotischen Denkmal verschmolzen wissen: Ruhmeshalle antik-klassizistisch und die Bavaria gotisch-romantisch. Die Synthese mit dem klassizistischen Stil wird auch als ludovizianischer Stil bezeichnet.

Aus der Bronze türkischer Kanonen gegossen Nachdem entschieden war, wie die Bavaria aussehen sollte, ging man ans Werk. Immerhin galt es, eine 18,52 Meter hohe und 1560 bayerische Zentner schwere Statue zu erschaffen; das entspricht 87,36 Tonnen. Die Bavaria wurde im Bronzehohlguss hergestellt, und zwar aus vier Stücken: Kopf, Brust, Hüfte sowie untere Hälfte und Löwe. Dazu kamen diverse Kleinteile. Für den Bronzeguss wurde extra eine neue Gießstätte errichtet, die königliche

Rechte Seite: Mit knapp 19 Metern Höhe ist die Bavaria wohl Münchens größte Einwohnerin.

Ihr Schöpfer: Ludwig Schwanthaler, nach dem auch der Stadtteil hinter der Bavaria benannt ist.

Erzgießerei an der Nymphenburger Straße. Hier fertigte Schwanthaler ein Gipsmodell in Originalgröße an. Trotz aller Widrigkeiten (so fingen beim Brandvorgang mehrere Werkstatthallen Feuer) wurde im Spätsommer 1843 das fertiggestellte originalgroße Gipsmodell in einzelne Teile zerlegt und konnte so als Vorlage für die jeweiligen Gussformen dienen. Stiglmaier, der Leiter des Projekts, starb im April 1844 und die Leitung ging auf von Miller über. Am 11. September 1844 endlich wurde der Kopf der Bavaria (man halte sich fest!) aus der Bronze türkischer Kanonen gegossen, die 1827 im griechischen Befreiungskrieg mit der ägyptisch-türkischen Flotte untergegangen waren und die der griechische König Otto, der Sohn Ludwigs I., vom Grund des Meeres gehoben und als Recyclingmaterial in Europa verkauft hatte. Auf diesem Weg waren auch etliche der Kanonen nach Bayern gelangt. Der Guss zog sich bis Dezember 1849 hin. Noch heute erinnern die Münchner Erzgießereistraße sowie die parallele Sandstraße daran. Hier wurde nicht nur gegossen, hier lag auch die dazu notwendige Sandgrube. Als der Kopf 1844 aus eben dieser Sandgrube in der Erzgießereistraße gehoben wurde und, von einem Kran gehalten, circa 4 Meter über dem Boden schwebte, bot von Miller dem König ein wunderbares Spektakel: 28 Arbeiter und zwei Kinder stiegen in den Kopf ein. Die Kinder waren von Millers Söhne Fritz und Ferdinand. Es brauchte viel Überredungskraft, um den König zu überzeugen, dass kein Trick dahintersteckte. Gruselig waren in jedem Fall die finanziellen Verhältnisse: Ludwig I. kam für dieses Nationaldenkmal wie für alle Nationaldenkmäler aus eigener Schatulle auf; als er aber am 20. März 1848 abdankte (Lola Montez!), verpflichtete sich sein ihm nachfolgender Sohn Maximilian zwar, das Projekt weiterzuführen, aber sein Budget sah dafür lediglich 9000 Gulden pro Jahr vor, was viel zu wenig war. Von Miller, der die Kosten

aus eigener Tasche vorstreckte, geriet dadurch in ernste Geldnot. So übernahm schließlich der abgedankte König die Finanzierung wieder selbst und damit konnte die Fertigstellung der Bavaria erfolgen. Nichtsdestotrotz blieb von Miller auf einem Teil der Kosten sitzen, aber die Erzgießerei wurde durch diesen Auftrag so berühmt, dass sich das Ganze wohl als »Werbekosten« lohnte. Insgesamt hat die Bavaria etwa eine Million Gulden gekostet.

Feierliche Enthüllung Anlässlich des Oktoberfests im Jahr 1850 war es dann soweit: Die Bavaria wurde feierlich enthüllt. Von Juni bis August war man damit beschäftigt, die Einzelteile auf eigens hierfür konstruierten Wagen, die von je zwölf Pferden gezogen wurden, zum Aufstellungsort zu transportieren. Am 7. August 1850 wurde als Letztes der Kopf der Bavaria in einem Festzug durch die Stadt zur Theresienhöhe geleitet. König Ludwig I. war inzwischen kein König mehr und Ludwig von Schwanthaler war bereits gestorben. Die Ruhmeshalle selbst war bei der Enthüllung noch nicht fertiggestellt, sie wurde erst 1853 in einer schlichteren Feier eingeweiht.

Top Lost Place in München Und genau im Kopf der Bavaria findet sich einer der schönsten Lost Places von ganz München: Dort können nämlich sechs Leute auf ebenfalls aus Bronze gegossenen Bänken sitzen und durch Löcher im Kopf auf die Theresienwiese schauen, was natürlich vor allem während der Wiesn oder während des Frühlingsfests ein einmaliger Genuss ist. Die Bavaria ist die einzige begehbare Bronzestatue in Deutschland. Und was hat sie nicht alles gesehen: nicht nur die zahllosen Oktoberfeste und die Jahre, in denen das größte Volksfest der Welt aufgrund des Zweiten Weltkriegs und wegen Corona nicht stattgefunden hat, sondern auch Friedensdemonstrationen, Revolutionsaufmärsche nach dem Ersten Weltkrieg, die Feiern der Nazis, die Bomben während des Zweiten Weltkrieges, einen Flugzeugabsturz, das Oktoberfest-Attentat und einen Kratereinbruch. Ihrer Schönheit hat das keinen Abbruch getan!

Ein überaus bekannter Anblick, doch nur wenige wissen, dass man die Statue auch von innen besichtigen kann.

6 Die Asamkirche

Ein schauriges Kleinod mitten in der Münchner Innenstadt

Eine der schönsten Einkaufsstraßen Münchens – die Sendlinger Straße – birgt ein dunkles Geheimnis. Mehr oder weniger in der Mitte der Straße, genauer gesagt an der Hausnummer 32, begegnet einem ein wie in wildes Gestein hineingemeißeltes Bauwerk, die Asamkirche.

München, Oberbayern **Ort** Sendlinger Straße 35, Altstadt, 80331 München **GPS** 48.13551, 11.56961 **Anfahrt** U-Bahn U1–U3, U6, U7, Tram 16–18, 27, 28, Bus 62: Sendlinger Tor; Öffnungszeiten: Mo–Do & So 8.00–17.30 Uhr, Sa 12.00–17.30 Uhr, keine Besichtigung während der Gottesdienste

Für ein Geheimnis sterben Die kleine Kirche im Herzen Münchens wird von den Münchnern zwar immer nach den Erbauern der Kirche genannt, doch eigentlich ist sie dem Heiligen Nepomuk gewidmet. Das Deckengemälde zeigt seinen Leidensweg und auch die für die kleine Kirche doch sehr große Anzahl an Beichtstühlen ist Anspielung auf seine Geschichte. Der Legende nach musste der Priester und Beichtvater für ein Geheimnis sterben. Der böhmische König bezichtigte die Königin – eine Wittelsbacherin – der Untreue, und Nepomuk sollte ihm sagen, was die Königin ihm gebeichtet hatte. Nepomuk nahm das Beichtgeheimnis ernst und schwieg. Nach Tagen der Folter wurde er von der Prager Karlsbrücke in die Moldau geworfen. Angeblich erschienen neben dem im Wasser treibenden Nepomuk fünf Sterne als Symbole für das lateinische »TACUI«, was so viel bedeutet wie: ich habe geschwiegen.

Zwischen Licht und Dunkel Betritt man die alten Gemäuer von St. Nepomuk, so durchfährt einen auch gern ein Schauer. Denn neben den obligatorischen Putten begegnet einem hier der Tod höchstpersönlich – wenn auch das Skelett komplett vergoldet ist. Von oben beugt er sich über den armen Kirchenbesucher, dem sein kurzweiliges Schicksal auf der Erde sogleich bewusst wird. Wer mit Kitsch nichts am Hut hat und trotzdem eine Kirche aus dem Spätbarock sehen will, ist hier also genau richtig. Dunkel ist es in dieser Kirche, kein Fleck an der Wand ist unbedeckt, über die vielen Ornamente und Stuckaturen kann man nur staunen. Und eng ist es in diesem *theatrum sacrum*, das lediglich 22 mal 8 Meter misst. Dabei arrangiert der zweistöckige Kirchenraum auf raffinierte Weise das Licht, das durch das kleine Ostfenster und das große Fenster im Obergeschoss dringt. Die Organisation des Lichts hat ihren guten Grund. Die Dunkelheit im unteren Teil der Kirche bürdet den Kirchenbesuchern die Lasten des irdischen Lebens auf, während oben, wo die Kirche heller wird, einen ganz verheißungsvoll das himmlische Jenseits erwartet. Manche meinen, hier den Kern der Bayerischen Seele zu finden, die Lebenslust, das Überschäumende und gleichzeitig tief Eigenbrötlerische. Cosmas Damian Asam (1686–1739) und Egid Quirin Asam (1692–1750) waren nicht nur begabte Künstler, sie waren auch fleißig; ihre Spuren haben sie natürlich auch in München und Bayern hinterlassen. Wer in die Damenstiftkirche, die Dreifaltigkeitskirche, die Heilig-Geist-Kirche oder ins Neue Schloss Schleißheim, in den Dom in Freising, ins Kloster Fürstenfeldbruck geht, wird dort ihre himmlischen Fresken und Stuckarbeiten finden. Und der weißblaue Himmel der Bayern – ist der vielleicht eine Erfindung der Brüder Asam?

Die Außenfassade zeigt den Hl. Nepomuk – um ihn rankt sich eine grausige Legende.

Goldene Skelette – da treffen himmlischer Prunk und unliebsame Sterblichkeit aufeinander.

Die unvollendete Gruft Mit jedem Schritt über den kalten Marmor sollte einem allerdings noch etwas anderes bewusst sein, denn unter der Asamkirche liegt die Gruft der Brüder Asam. Ungeklärt ist, ob dieser Ort überhaupt als letzte Ruhestätte der Erbauer gedacht war. Klar ist, dass sie unvollendet blieb. Flüchtige Skizzen an den Wänden und Decken zeugen von einem Plan, der nie vollendet wurde; warum, kann man nicht sagen. Cosmas und Damian hatten hier, im Hackenviertel, ihr eigenes kleines Reich geschaffen. Nicht nur »das liebe Kirchlein« stand unter ihrer Obhut, auch die beiden Gebäude neben der Kirche gehörten den Brüdern. Egid Asam hatte angeblich sogar ein kleines Fenster in seinem Schlafzimmer, durch das er immer wieder mal in die Kirche blicken konnte. Vom Bett aus sah er auf den Altar, den die Brüder in Anlehnung an Bernini gestaltet hatten. Die kleine Kirche, in die heute jährlich hunderte Touristen stürmen, war keinesfalls schon immer für die Öffent-

lichkeit gedacht. Ganz im Gegenteil, die Gebrüder Asam haben sie eigentlich ganz allein für sich gebaut, für ihr eigenes Seelenheil. Die Münchner ließen sich das nicht gefallen, die Bürgerschaft protestierte und bekam Recht. Seitdem kommt man hier nicht nur zum Gottesdienst oder zur Beichte, sondern auch für den wohligen Schauer.

Die besondere Lichtführung macht diesen Ort zu einem »Theatrum sacrum«: Von der reich verzierten Dunkelheit im Erdgeschoss blicken die Kirchenbesucher zum himmlischen Licht.

Das besondere Erlebnis

»Stattreisen München« führen durch die ehemaligen Wohnstätten der Münchner Hoflieferanten, Dichter und Künstler zwischen Sendlinger Tor und Sebastianplatz: In eineinhalb Stunden erfährt man nicht nur etwas über die Münchner Geschichte, ihre Bauten und Bewohner, sondern auch über die berühmten wie kuriosen Brüder Asam.

7

Nervenkitzel auf dem größten Volksfest der Welt!

Geister, Hinrichtungen und Folterkammern – nichts für schwache Nerven!

Das Oktoberfest, von den Münchnern auch gerne liebevoll »Wiesn« genannt (Achtung: ohne Apostroph!), hat nicht nur riesige Bierzelte, kulinarische Abenteuer und Fahrgeschäfte überdimensionaler Art zu bieten, es ist auch eine wahre Fundgrube für Freunde von fantasiereichem und feinfühligem Grusel.

München, Oberbayern **Ort** St.-Paul-Straße, 80336 München **GPS** 48.132452, 11.547275 **Anfahrt** Mit der U4/U5 zur Theresienwiese

Es war schon wieder König Ludwig I. von Bayern, der hier der bayerischen Landeshauptstadt und eigentlich der ganzen Welt ein Andenken hinterlassen hat, das seinesgleichen sucht. Denn seine Hochzeit am 12. Oktober 1810 (er war damals noch Kronprinz) mit Therese von Sachsen-Hildburghausen markiert die Geburtsstunde des Oktoberfests, das heute das größte Volksfest der Welt ist. Anlässlich der Hochzeit gab es am 17. Oktober ein Pferderennen samt Ausstellung, das auf dem Sendlinger Berg stattfand. Die Anhöhe diente als natürliche Tribüne für die etwa 40.000 Zuschauer des Rennens. Auf der Festwiese selbst wurde ein Königszelt errichtet und natürlich wurden auch Bier und Wein angeboten! Es gab einen Umzug mit 16 Kinderpaaren, die die Trachten der Besitzungen der Wittelsbacher trugen, einen Chor aus Feiertagsschülern und ein Festrennen mit 30 Pferden auf einer 3270 Meter langen Rennbahn. Ab dem Jahr 1814 wurde das Fest fast jährlich wiederholt und wuchs Jahr für Jahr: Zur Pferderennbahn gesellten sich Kletterbäume, Kegelbahnen, kleine Schaustellungen, Schaukeln, Karussells und Losstände. Gegen Ende des 19. Jahrhunderts war das Fest bereits in aller Welt berühmt und wurde wegen des besseren Wetters in die letzten Septembertage vorverlegt. Seither liegt nur noch das letzte Wochenende im Oktober. 1898 errichtete der Nürnberger Wirt Georg Lang die erste große – wie man sie damals nannte – »Bierburg« mit 6000 Plätzen.

Lost auf der Wiesn: 120.000 Plätze im Bierzelt, an die 100.000 geklaute Bierkrüge

Natürlich kann man sich auf der Wiesn auch im Alkohol verlieren. 120.000 Plätze gibt es in den 17 großen und den 21 kleinen Zelten und dazu noch mehr in den Biergärten. Während des meist 16 Tage dauernden Spektakels werden immerhin 7 Millionen Liter Bier getrunken – und zwar Märzen-Bier, das mit 5,5 bis 6,2 Prozent Volumen-Alkoholgehalt über dem des »normalen« Bieres liegt. Wer sich also nicht vorsieht, findet sich leicht im Vollrausch auf dem Abhang zu Füßen der Bavaria wieder. Böse Zungen behaupten auch, dass in München im Mai und im Juni besonders viele

Rechte Seite: Auch wenn Halloween erst vier Wochen später ist, tummeln sich Sensenmänner gerne auf dem Oktoberfest …

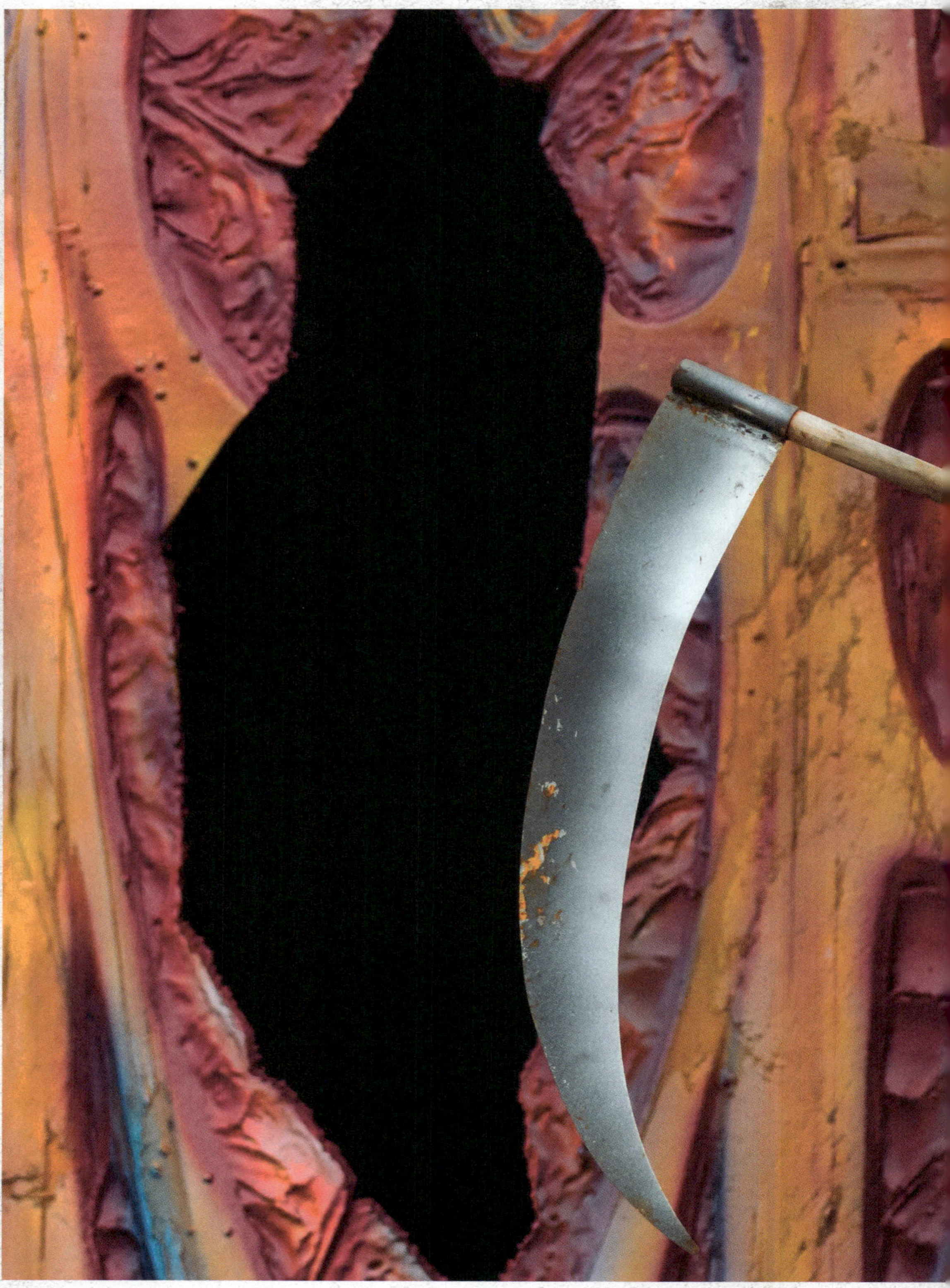

... und versetzen die Besucher in Angst und Schrecken.

Kinder auf die Welt kommen … Viel stilvoller ist es natürlich, sich mit Insiderwissen ausgestattet auf ganz altmodische Weise zu gruseln.

Geisterbahnen altmodisch oder ganz modern Geisterbahnen gibt es auf der Wiesn zum Glück immer noch mehrere. Zum Beispiel das Geisterschloss, ein zweistöckiges Gruselkabinett, dass 1945 aus den Überbleibseln einer alten Zuckerbäckerei gebaut wurde; wer genau hinschaut, kann das heute noch erkennen. Die Fahrt ist immerhin 200 Meter lang und man müsste schon Nerven aus Drahtseilen haben, wenn man sich von den Spezialeffekten und lebenden Geistern nicht zum Erschauern bringen ließe. Die weitaus schönste Geisterbahn ist die mit Frankensteins Monster und dem Sensenmann. Sie ist nicht ganz so gruselig, auch für Familien und Kinder geeignet und übrigens mehr als 70 Jahre alt! Traditionsreiche Schaugeschäfte befinden sich nämlich nicht nur auf der Oidn Wiesn. Für die Fortgeschrittenen bietet sich die »Fahrt zur Hölle« an. Hier wird mit animierten Figuren, Wasserfontänen, Feuer sowie warmen und kalten Luftstößen gearbeitet. Oder man bekommt eine Portion Höllenodor ab! Das Daemonium schließlich ist die Geisterbahn der Superlative: Die größte mobile Geisterbahn der Welt erschreckt die Fahrgäste auf vier Etagen mit hochmoderner Lasertechnik und Spezialeffekten – und zieht dabei alle Gruselregister. Oder wie wäre es mit dem Shocker? Immerhin sitzt man hier in Stahlkäfigen, die vor den Geistern schützen sollen. Aber schützt ein Stahlkäfig überhaupt vor Geistern?

Aber auch Frankensteins Monster …

Der Enthauptung einer lebenden Person auf hell erleuchteter Bühne kann man seit 1869 beim Schichtl beiwohnen. »Auf geht's beim Schichtl!« ist in München ein geflügeltes Wort und bedeutet so viel, wie »Auf zu einer neuen Arbeit oder Aufgabe«. Aber was genau ging denn vor 150 Jahren eigentlich los? Damals, nämlich 1872, erfand der berühmte Schausteller Michael August Schichtl (1851–1911), Theaterdirektor, Ausrufer, Magier und Trommelvirtuose die Enthauptung einer lebendigen Person mittels Guillotine, die seither mit größtem Erfolg nicht nur auf der Wiesn, sondern auf zahlreichen Volksfesten, Messen und Märkten in ganz Süd- und Mitteldeutschland aufgeführt wurde. Papa Schichtl, wie er genannt wurde, weil er sich auch im Winter um die bei ihm angestellten Menschen kümmerte und sie nicht entließ, wurde mit dieser Hinrichtung berühmt. Die Kombination aus bösem Humor und wirklichem Grusel ist bis heute unübertroffen. Es sollte hier noch erwähnt werden, dass er mit Eleonore Karl (1855–1922) verheiratet war, der Tochter einer Seiltänzerin. Michael August Schichtl starb überraschend bei der Hochzeit seines Pflegesohnes, des Hochradartisten Pepi Wölfle, 1911 in München. Unter größter Anteilnahme der Münchner Öffentlichkeit wurde er auf dem Münchner Waldfriedhof begraben (Alter

Teil, Sektion 30, Reihe 7, Grab 1) In München gibt es übrigens bereits seit 1931 eine Schichtlstraße: Ehre, wem Ehre gebührt.

Etwa die Bevölkerung einer bayerischen Kleinstadt geköpft hat inzwischen Manfred Schauer, der seit 1985 an jedem Wiesntag ungefähr 20-mal am Tag einem Menschen den Kopf »runterhaut«. Also etwa 320 Hinrichtungen pro Wiesn. Die Rekommendation, die Show vor der Show sozusagen, geht Manfred Schauer genauso gut über die Lippen wie einst Papa Schichtl. Da erfährt man dann, dass Ringo der Schreckliche, der Henkersknecht, eine Leihgabe von der Geisterbahn gegenüber sei und sein Lieblingsgericht Kopfsalat mit Hirnwurst. Oder dass die Biggi, die die dickste Frau der Welt ist, nicht einmal durchs Ozonloch passt.

Jeder kann hier seinen Kopf verlieren! Wer das Theater betritt und die 6 Euro bezahlt (obwohl der Eintritt natürlich 20 Euro wert ist, wie der Schichtl jedem Besucher verdeutlicht), riskiert auch der- oder diejenige zu sein, der/die auf hell erleuchteter Bühne geköpft wird. Und der oder die sich dann direkt das Bier in die Speiseröhre schütten kann. Ärger gab es wegen dieser Enthauptungen noch nie, höchstens die eine oder andere Beschwerde, dass ein Ehepartner doch wieder lebendig herauskam. Man kann gar nicht genug betonen, wie großartig es ist, dass es dieses älteste Varieté-Theater auf der Wiesn noch gibt. Und dass sowohl die Betreiber als auch die Zuschauer wissen, dass es nicht immer nur um »schneller, höher, weiter« geht. Denn diese Wiesn-Originale machen den Charme des Volksfests aus. Die Enthauptung kann übrigens auch außerhalb der Wiesn gebucht werden und während der Wiesn kann man sie auch als private Veranstaltung buchen: »Und ihr brauchts koa Angst ham, weil beim Schichtl is no nia oana dümmer nauskemma wiara neinganga is. Unmöglich, wei, wer so blöd is, dass er da neingeht, der ko ja nix mehr verliern.«

... und blutrünstige Kannibalen tun ihr Bestes, um Albträume zu verursachen.

Das besondere Erlebnis

Eine fast ebenso alte Attraktion auf der Wiesn ist die Hexenschaukel. Schon der Prinzregent fuhr mit diesem nervenzerreißenden Fahrgeschäft. Und vor eben dieser Hexenschaukel findet jeden Abend Tanz statt, sehr spät, wenn die Musiker der Bierzeltkapellen schon ihre Instrumente einpacken. Hier darf jeder tanzen, auch wer keinen Eintritt bezahlt hat. Bis zu 200 Leute versammeln sich dann jeweils hier und der Spaß kennt keine Grenzen. Aber Achtung: gemeint ist die Hexenschaukel, die auf der normalen Wiesn steht, und die älter ist als die auf der Oidn Wiesn.

8 Am Nockherberg

Ein wütender Brauer findet keine Ruhe

Ein Ort, der eigentlich als der Inbegriff bayerischer Gemütlichkeit gilt, wird jedes Jahr aufs Neue von einem vor Wut rasenden Geist heimgesucht.

München, Oberbayern **Ort** Am Nockherberg, 81541 München **GPS** 48.121311, 11.581632 **Anfahrt** Mit den Tramlinien 18 und 38 zum Ostfriedhof und dann zu Fuß oder auf einer brennenden Brauereikutsche den Nockherberg hinunter

Der gemütliche Schein trügt Ein äußerst beliebtes Ausflugsziel in München – und das nicht nur wegen der köstlichen Verpflegung – ist ganz eindeutig der Nockherberg. Majestätisch thront die Geländeterrasse am Hang des östlichen Isarufers im Stadtteil Au. In dichtem Grün, beschallt durch das Rauschen der Isar, entsteht hier ein Ort mit einer magischen Atmosphäre. Dieser bietet nicht nur bezaubernde Natur mitten in der Großstadt, sondern beheimatet auch den Urvater der Gemütlichkeit: den Paulaner Biergarten. Auch wenn die Paulanergärten mittlerweile weltweit zu Hause sind, ist der Nockherberg doch der Inbegriff bayerischer Gemütlichkeit. Hier kommen Jung und Alt zusammen, feiern die Feste wie sie fallen, allen voran das Starkbierfest, das den Gläubigen und solchen, die es werden wollen, die Fastenzeit versüßen soll. Eine lustige Zeit sollte man meinen, doch nachts kippt die Stimmung und ein überaus grantiger Geist treibt sein Unwesen am sonst so beschaulichen Nockherberg …

Gut, besser, Zacherl Jede Nacht während der Starkbierzeit – will man verstörten Augenzeugen Glauben schenken – geht es heiß her am Nockherberg. Für hitzige Temperaturen sorgt jedoch nicht die Unermüdlichkeit der Feierwütigen, sondern die Wut von Franz Xaver Zacherl (1772–1849). Der Brauer, Mälzer und Abgeordnete war ab 1806 Pächter der Klosterbrauerei Paulaner und durfte diese nach dem Erwerb 1823 voll und ganz sein Eigen nennen. 13 Jahre später erwarb er auch das Spöckmayrbräu in der Münchener Altstadt. Eng mit Zacherls Namen verbunden ist ein bekannter Markenname: Salvator, die Bezeichnung für das Paulaner-Starkbier. Unter diesem Namen machte das Bier des gewieften Zacherl dem Maibock des königlichen Hofbräuhauses ordentlich Konkurrenz und gar das Starkbiermonopol strittig. Kein Wunder, dass er diese Marke und die Brauerei als sein Lebenswerk ansah und von seinen Nachfahren verlangte, den Namen Zachelbräu beizubehalten. Dass dieser Wunsch nicht erfüllt wurde, wissen wir ja bestens aus der TV-Werbung.

In den Nächten der Starkbierzeit sollte man sich hier nicht aufhalten, außer natürlich, man will sich mal ordentlich gruseln.

Das Brauen nach dem Tod Weil sein letzter Wille missachtet wurde, findet Franz Xaver Zacherl einfach keine Ruhe und hat nur noch Rache im Sinn. Deshalb zeigt er sich zur Starkbierzeit jede Nacht um Punkt Mitternacht von seiner schlimmsten Seite: Auf einem in Flammen stehenden Brauereigespann jagt er wie wild geworden den Nockherberg hinunter in die Au, und wenn man sich nicht in Acht nimmt, wird man ganz schnell von diesem Höllenritt mitgerissen.

Das besondere Erlebnis

Wer sich nicht bis zur Starkbierzeit gedulden möchte, um auf Herrn Zacherl zu treffen, der kann seine letzte, nicht ganz so ruhige Ruhestätte auf dem Alten Südfriedhof erkunden. Vielleicht besänftigt es ihn, wenn er öfter Besuch bekommt, und er lässt das Spuken sein? Oder man wird mitgenommen auf die Höllenfahrt zum Nockherberg?

9 Keltenschanzen und Schädelkult

Ein Besuch auf dem Neuen Südfriedhof

Wie auf beinahe allen Münchner Friedhöfen, lässt sich auch hier das ein oder andere »prominente« Grab finden: hier das von Grimme-Preisträger Dieter Hildebrandt.

Obwohl der Neue Südfriedhof erst in den 1970er-Jahren entstand, ist er vielleicht noch weitaus geschichtsträchtiger als die älteren Begräbnisstätten der Stadt.

München, Oberbayern **Ort** Hochäckerstraße, 90 81737 München **GPS** 48.0995329113895, 11.621230768812977 **Anfahrt** Mit der U2/U7 oder S3 zum Giesinger Bahnhof und dann weiter mit dem Bus 139 direkt zum neuen Südfriedhof

Ein Friedhof, der viele Geschichten erzählt Der über 35 Hektar große Neue Südfriedhof in Perlach ist ein beliebtes Ausflugsziel, weil er neben Grabstätten unter anderem auch weite Grünflächen und einen See beherbergt. Wer diesen Ort, der an einer Vielzahl malerischer Fleckchen zum Verweilen einlädt, besucht, denkt wahrscheinlich nicht im Geringsten daran, was sich hier vor mehr als 2500 Jahren alles abgespielt haben könnte: mystische Zeremonien, erbitterte Schlachten oder keltische Opferrituale, zelebriert von weisen Druiden – Ereignisse, die wir sonst nur aus Sagen und Legenden kennen. Aber der Reihe nach.

Platzmangel auf den alten Friedhöfen In den 1970er-Jahren musste aufgrund des rasanten Bevölkerungsanstiegs in München ein weiterer Friedhof für den Südosten der Stadt angelegt werden, da die Grabplätze auf dem bereits existierenden am Perlacher Forst zur Neige gingen. Der Landschaftsarchitekt Gottfried Hansjakob wurde mit dieser Aufgabe betraut und realisierte das Areal nach seinen Plänen 1977, was den Neuen Südfriedhof zu einem der jüngsten in München macht. Da in der Ausschreibung nur etwa knapp die Hälfte der zur Verfügung stehenden Fläche als

Mit einer Größe von über 35 Hektar bietet der Neue Südfriedhof viel Fläche, die erkundet werden will.

Grabstätten genutzt werden sollte, konnte der Rest in Erholungsgrün ohne Grabnutzung verwandelt werden. Das hügelige Profil der eckig umgesetzten Friedhofsanlage ist ein absolutes Alleinstellungsmerkmal, wenn man den Neuen Südfriedhof mit anderen Münchner Friedhöfen vergleicht. Außerdem lässt sich eine weitere Besonderheit auf dem Gelände entdecken: ein Lindenhain macht deutlich, wo sich vor 2500 Jahren eine Keltenschanze befand.

»Throwback« in die Zeit der Kelten Als Kelten- oder Viereckschanze bezeichnet man in der Archäologie befestigte landwirtschaftliche Großgehöfte, die vorwiegend während der Latènezeit in entweder quadratischer oder rechteckiger Form angelegt wurden. Die Latènezeit ist eine Epoche der Eisenzeit, die etwa von 450 v. Chr. bis zur Zeit der Geburt Christi dauerte und mit dem Zeitraum zusammenfällt, in dem sich die Kelten über weite Teile Europas ausbreiteten. Dies erklärt auch das Vorkommen der Schanzen in nahezu allen Ländern West- und Mitteleuropas, wobei ein Schwerpunkt im Gebiet Baden-Württemberg und Südbayern liegt. Um eine solche Viereckschanze zu errichten, wurde zunächst Erde ausgehoben, um den typischen Grundriss zu definieren. Der Aushub wurde dann zu einem Wall aufgeschüttet, der um das gesamte Gelände (mit Ausnahme einer Torgasse) lief und etwa 2 Meter hoch war. Im Inneren dieses Quadrats oder Rechtecks befanden sich Wohn- und Wirtschaftsgebäude, aber auch Speicherbauten zur Lagerung. Lange Zeit vermutete man, dass die Keltenschanzen ausschließlich eine kultisch-sakrale Funktion erfüllten, was auch nicht erstaunlich ist, wenn man sich mit der ausgeprägten Kultur und den hochentwickelten Strukturen der diversen keltischen Stämme und Clans etwas näher beschäftigt. Allerdings stößt man dabei auch auf die sogenannte Schädelmystik und hierbei gilt wirklich: *nomen est omen*. Die abgetrennten Köpfe ihrer Feinde übten eine große Faszination auf die keltischen Krieger aus, weil man der Überzeugung war, dass man mit dem Schädel gleichzeitig auch die Kraft und das Wissen seines Feindes besaß, weswegen an einigen Fundorten in Frankreich regelrechte Schädelmeere zutage gefördert wurden …

Heute Friedhof, früher Keltenschanze: Das Gelände ist ein Allrounder.

Das besondere Erlebnis

Wem diese Vorstellung nun beim Schlendern durch den Lindenhain großes Unbehagen bereiten sollte, dem können wir nur empfehlen, dem Grab des Kabarettisten Dieter Hildebrandt einen Besuch abzustatten und sich an dessen größte Erfolge zu erinnern. Der Grimme-Preisträger wurde im Dezember 2013 auf dem Neuen Südfriedhof beigesetzt (Grab 209-A-7 a/b).

Die wunderschöne Sakralkunst möchte und sollte genauestens begutachtet werden.

10 Der Flughafen München-Riem

Zwischen Hochverkehr, Stillstand und Grunge-Rock

Auch wenn es hier schon lange nicht mehr hoch hinaus geht, lohnt sich ein Abstecher zu dem alten Flughafengelände allemal.

München, Oberbayern **Ort** De-Gasperi-Bogen, 81829 München **GPS** 48.137088, 11.718167 **Anfahrt** Mit der U2 zur Messestadt Ost und dann weiter zu Fuß

Die spannende Biografie eines Ortes
Das Gelände des ehemaligen Flughafens in Riem ist ein beeindruckendes Beispiel dafür, wie faszinierend das »Leben« eines Ortes sein kann: Mal ist er Verbindung in die größten Metropolen der Welt und heißt Millionen Gäste willkommen, im nächsten Moment liegt er brach und befindet sich kurz vor dem Verfall, nur um wenig später doch revitalisiert zu werden, zumindest teilweise. Und während des gesamten Prozesses entsteht parallel dazu komplett Neues in der Umgebung, was den kontinuierlichen Kreislauf von Werden und Vergehen nur noch mehr betont.

Das goldene Zeitalter der Luftfahrt
Der Flughafen in Riem war seit seiner Eröffnung 1939 für einen Zeitraum von über 50 Jahren der internationale Airport von München, bevor er 1992 geschlossen wurde. Das Herzstück des Areals bildeten ein 35 Meter hoher Tower und die sogenannte Wappenhalle, in der die Passagierabfertigung untergebracht war. Beide Bauwerke wurden 1995 unter Denkmalschutz gestellt und werden heute als Büro beziehungsweise Veranstaltungsort genutzt. Im goldenen Zeitalter der Luftfahrt, den 1950er- und 1960er-Jahren, lag dies allerdings

Reisen, Rockkonzerte, Raves – früher war hier einiges los, doch heute liegt er verlassen da: der alte Flughafen in Riem.

noch in weiter Ferne. Es war eine Zeit, in der Fliegen den Reichen und Schönen, den Schauspielgrößen und der Polit-Prominenz vorbehalten und ein Ticket für die normale Bevölkerung unerschwinglich war. Ein Flug hatte damals noch Eventcharakter und es war selbstverständlich, dass man sich vor Reiseantritt extra herausputzte. Das hieß maßgeschneiderte Anzüge für die Herren, während die Damen sich mit ihren Perlen und Pelzen zu übertrumpfen versuchten und nicht selten frisch vom Frisör kamen.

Ein Leben nach dem Flugverkehr Im Lauf der Jahre wurden Flugreisen schließlich zur Massenware, was man an den Passagierzahlen deutlich erkennen kann: Während 1950 noch knapp 70.000 Personen in Riem starteten und landeten, waren es

Berlin hat Tempelhof, München hat Riem: verlassene Landebahnen als beliebte Anlaufstelle für Spaziergänger.

1990 mehr als 11 Millionen. Das war auch der Grund für die Schließung 1992, die Kapazitätsgrenze war erreicht. Und eine Erweiterung des Flughafens war aufgrund seiner Nähe zum Stadtzentrum nicht möglich. Ein weiterer Bau, der zunächst weniger Glück als der Tower und die Wappenhalle haben sollte, ist die Besuchertribüne mit Kopfbau. Das Ensemble ist zwar auch denkmalgeschützt, wurde aber mehr oder weniger sich selbst überlassen, was einen starken Schimmelbefall mit sich brachte. Erst im Juni 2020 stimmte der Stadtrat einer Sanierung zu, um eine ganzjährige Nutzung zu ermöglichen. Ab Herbst 2021 soll der Kopfbau dann für diverse Veranstaltungen wie Ausstellungen, Kurse oder Nachbarschaftsaktionen zur Verfügung stehen. Aber nicht nur die noch existierenden Teile des Flughafens haben sich

verändert, auch die Umgebung ist eine andere geworden. Neben der Messe besticht der Stadtteil vor allem durch seine Grünflächen wie den Riemer Park, ein Erbe der Bundesgartenschau 2005.

Das besondere Erlebnis

Und für alle, die sich jetzt aufmachen wollen, die Gegend mitsamt ihrer collagenartigen Vergangenheit zu erkunden, haben wir noch einen Tipp für den passenden Soundtrack zum Spaziergang: Es empfiehlt sich, hierfür auf Nirvana zurückzugreifen – deren letztes Konzert fand am 1. März 1994 im ehemaligen Terminal 1 des Flughafens statt.

Auch viel Grün ist hier geboten.

11 Das Oktoberfest-Attentat

Ein bis heute ungeklärter Terrorakt

Er gilt als der schwerste Terrorakt der deutschen Nachkriegszeit: das Oktoberfest-Attentat. Ein Mahnmal am Haupteingang des Oktoberfests erinnert an dieses schreckliche Ereignis, dessen Tathergang bis heute nicht vollständig geklärt wurde. Noch immer kämpfen Betroffene und Zeitzeugen mit den Erlebnissen des 26. September 1980.

Jedes Jahr steigt die Zahl der Oktoberfest-Besucher. 1980 strömten über 5 Millionen Menschen auf die Festwiese.

München, Oberbayern **Ort** Bavariaring 5, Ludwigsvorstadt, 80336 München **GPS** 48.136005; 11.549790 **Anfahrt** U4, U5 bis Theresienwiese, Tram 18, 19, 29 bis Hermann-Lingg-Straße, Bus 134 bis Alter Messeplatz

Ein ganz normaler Wiesentag Das Oktoberfest 1980 beginnt mit dem jährlichen Einzug der Wiesenwirte, wie immer reitet das Münchner Kindl, begleitet von der Blasmusik, auf die Festwiese, die Stimmung ist ausgelassen, die Münchner freuen sich, um 12 Uhr folgt der traditionelle Anstich. Der damalige Bürgermeister Erich Kiesl gibt sich Mühe, den Zapfhahn mit möglichst wenig Schlägen in das Bierfass zu bringen. »O'zapft is!«, würde man sagen, und das Festzelt verfällt in Gelächter, weil der Bürgermeister die heilige Floskel einfach vergisst und dann ein »izapft os« hinterherschickt. Er macht weiter. Die erste Maß bekommt der Ministerpräsident Franz Josef Strauß.

Die Explosion Das Wetter war schön, Münchner und Zugereiste hatten sich auf der Festwiese vergnügt, Fahrgeschäfte besucht, gut gegessen und einige Maß Bier getrunken. Am Abend, kurz vor Zeltschluss, genau um 22.21 Uhr, explodiert eine

Rohrbombe am Eingang des Oktoberfestes. Ein heftiger Knall ist zu hören, Schreie. Noch am selben Abend werden im Fernsehen schreckliche Bilder verbreitet. Die Menschen sind traumatisiert und die Exekutive auf der Suche nach einem Täter. Zwölf Menschen, darunter auch zwei Kinder, sterben, 210 werden verletzt, 68 davon schwer. Etwa 30 Ärzte und 220 Sanitäter versorgten die Überlebenden. Der damalige Bürgermeister beschließt, das Oktoberfest nicht abzubrechen. Lediglich einen Tag ist am Eingang des Oktoberfests ein riesiges Banner mit der Aufschrift »Oktoberfest heute geschlossen/Closed Today/Aujourd'hui fermé« zu sehen. Der Bombenkrater wurde erst einmal asphaltiert. Der Attentäter soll die Bombe, bestehend aus beinahe 1,5 Kilogramm TNT, in einem Papierabfalleimer platziert haben, seitdem findet man keine Mülleimer mehr auf dem Oktoberfest.

Ein Mahnmal des Schreckens Der 26. September sollte zum Gedenktag werden. Ein Jahr später, am 18. September 1981, wurde am Haupteingang der Theresienwiese ein Mahnmal enthüllt. Bei dem von Friedrich Koller entworfenen Denkmal handelt es

2020 entstand ein Mahnmal, das die Ereignisse und Folgen des 26. Septembers 1980 erzählt und mit insgesamt 234 Silhouetten auch die Zahl der Toten und Verletzten erfahrbar macht.

sich um eine Bronzestele mit der Inschrift »Zum Gedenken an die Opfer des Bombenanschlages vom 26.9.1980«. Blumen waren um die Säule herumgestellt worden. Die Hinterbliebenen baten um die Nennung der Todesopfer, sieben Jahre später wurden diese schließlich in die Bronzestele eingraviert. Allerdings zeigten die Wiesnbesucher so wenig Respekt – unter anderem hatten Betrunkene die Stele beschädigt und anstatt Blumen fand man Müll in den angebrachten Kästen –, dass das Mahnmal umgestaltet werden sollte. Koller musste das Denkmal umdenken, die Stele gewissermaßen schützen und herausstellen. Neu hinzugekommen ist neben einem am Boden eingezeichneten Kreis von 6,10 Metern Umfang eine halbrunde Stahlwand, die eine »Metapher für Schutz, ja für Demokratie« (Koller) ist. Diese Wand hat zahlreiche Verletzungen, Löcher, die jene Stahlsplitter darstellen, die 1980 zahlreichen Menschen das Leben oder ein normales Leben genommen hatten.

Ein ungeklärtes Verbrechen Das Attentat gilt als der schwerste Terrorakt der deutschen Nachkriegszeit. Als Attentäter wird der 21-jährige Gundolf Wilfried aus Donaueschingen identifiziert, der ebenfalls infolge der Explosion starb. Der Geologiestudent wurde mit der neonazistischen »Wehrsportgruppe Hoffmann« in Verbindung gebracht. Weitere Täter standen für die Ermittler nicht zur Debatte. Der Fall wurde offiziell abgeschlossen, inoffiziell beschäftigt er die Deutschen bis heute. Der BR-Journalist Ulrich Chaussy begann 1983 mit seinen Recherchen, die er erst 2011 endgültig aufgab. Resultat war ein Buch, das er 1985 unter dem Titel »Oktoberfest. Ein Attentat.« veröffentlichte. Auf Basis des Buches entstand 2013 der Film »Der blinde Fleck«, den Regisseur Daniel Harrich in enger Zusammenarbeit mit Chaussy drehte. Der Film führte zur Wiederdiskussion des Falles in der deutschen Öffentlichkeit. Bis heute ist nicht geklärt, ob es sich bei dem Attentat wirklich um das eines Einzeltäters handelte. Der Fall wurde 2014 neu aufgerollt, mit keinem neuen Ergebnis, aber einer Neubewertung des Falles; Köhler sei kein einsamer Einzeltäter mit Zorn auf das System gewesen, sondern er habe aus einer rechtsextremen Motivation heraus gehandelt. Hintermänner wurden keine identifiziert, 2020 wurden die Ermittlungen der Bundesanwaltschaft endgültig eingestellt.

Die Dokumentationsstelle Ein Mahnmal markiert einen Gedenkort, der mit Respekt und Bedacht behandelt werden sollte. Hier wird man in eine andere, grausame Zeit

Die von Friedrich Koller gestaltete Bronzestele nennt die Opfer des Anschlags. Auf der halbrunden Stahlwand zeichnen sich die zahlreichen Stahlsplitter ab, die so viele Menschen verletzt haben.

versetzt. Und so bunt und lustig die Wiesn auch sein mag, so blind der eine oder andere Wiesnbesucher auch daran vorbeilaufen sollte, es ist und bleibt ein Zeichen des Terrors, der uns noch lange beschäftigen wird. 2018 ließ Dieter Reiter eine Gedenktafel am Münchner Rathaus anbringen, um gemeinsam mit den Opfern und Betroffenen auch »in Zeiten erstarkender rechtspopulistischer Tendenzen daran zu erinnern, wie menschenfeindlich solche Ideologien sind«. (Reiter) Und seit 2020 steht das Oktoberfest-Mahnmal nicht mehr allein: Auf der anderen Seite des Haupteingangs sind 234 Silhouetten zu sehen, die Silhouetten der Menschen, die damals, an dem Schreckensabend 1980, das Oktoberfest verlassen hatten. Auf ihnen geschrieben stehen Texte zum Attentat, zu Aufarbeitungsversuchen, Ermittlungen, sodass man sich an diesem Ort nicht nur erinnern, sondern auch darüber nachdenken muss.

Das besondere Erlebnis

Seit dem 26. September 2020 können Besucher sich in einer in Zusammenarbeit mit Zeugen entstandenen Freilichtausstellung am Denkmal für die Opfer des Wiesn-Attentats über die Tatnacht, Überlebende und Ermittlungen informieren. Hier entstand nicht nur ein Ort der Aufklärung, es ist auch ein Erinnerungsort, der den Umgang mit dem wohl schwersten Terrorakt in der Geschichte der Bundesrepublik Deutschland lehren soll.

12 Transsilvanien so nah

Auf Draculas Spuren im Dorf der lebenden Toten

Eine im 14. Jahrhundert plötzlich verschwundene Siedlung im heutigen Berg am Laim ist Schauplatz des ursprünglich geplanten ersten Kapitels von Stokers Klassiker

München, Oberbayern **Ort** Pachemstraße, Berg am Laim, 81673 München **GPS** 48.126437, 11.639932
Anfahrt Mit der U2 bis Josephsburg, von dort Richtung Osten (stadtauswärts) 550 Meter die Kreilerstraße entlang

Ein Friedhof in Berg am Laim könnte Bram Stoker als Schauplatz für den ursprünglichen Beginn seines Romans »Dracula« gedient haben.

»Bistritz, 3. Mai. München ab am 1. Mai 8.35 Uhr abends« Das sind die ersten Worte des vermutlich bekanntesten Vampir-Romans aller Zeiten: »Dracula« von Bram Stoker, erschienen 1897. Dass die Handlung aber eigentlich schon drei Tage früher, nämlich am 30. April, mit einem schaurigen Auftakt in München beginnen sollte, dürfte nur den wenigsten bekannt sein. Zum Glück für alle Horror-Fans wurde das ursprünglich geplante erste Kapitel aber doch noch veröffentlicht, und zwar 1914 als Kurzgeschichte unter dem Titel »Draculas Gast«. Im Verlauf der Geschichte unternimmt Jonathan Harker während seines Aufenthalts in München eine Kutschfahrt ins Umland der Stadt (wir erinnern uns: Harker ist der Anwalt, der mit Dracula den Kauf einer britischen Immobilie abwickeln soll. Deswegen befindet er sich Anfang

Mai auf dem Weg nach Transsilvanien). Als er einen scheinbar selten befahrenen Weg passiert, möchte Harker von seinem Kutscher unbedingt wissen, wohin dieser führt. Nur sehr zögerlich gibt der Kutscher daraufhin seine Informationen preis: Über diesen Weg erreichte man früher ein mittlerweile nicht mehr existierendes Dorf, in dem lebende Tote ihr Unwesen getrieben haben sollen! Der Engländer ist von diesem Aberglauben eher amüsiert als abgeschreckt und möchte nun erst recht diese Richtung einschlagen, was der Kutscher unbedingt verhindern möchte. Also trennen sich die Wege der beiden und Harker geht zu Fuß weiter. Nach einiger Zeit zieht plötzlich ein heftiger Sturm auf und Harker sucht Schutz auf einem Friedhof, der am Wegesrand liegt. Gerade als er die Tür zum Mausoleum einer österreichischen Gräfin öffnen will, erhellt ein Blitz das Innere des Gemäuers und Harker entdeckt aufgebahrt eine wunderschöne Frau mit blutroten Lippen. Zeit, sich über diesen Anblick Gedanken zu machen, hat er allerdings nicht, da er wie von unsichtbarer

Hand vom Mausoleum weggerissen wird und das Bewusstsein verliert. Als er wieder zu sich kommt, liegt ein riesiger Wolf auf ihm, der ihn wärmt. Gleichzeitig hört er die Rufe eines Suchtrupps, der ihn schließlich zurück zu seinem Hotel bringt. Auf die an den Hoteldirektor gerichtete Frage, warum denn überhaupt ein Suchtrupp losgeschickt wurde, erhält er die Antwort, dass sein baldiger Gastgeber Dracula via Telegramm darum gebeten hat, immer ein Auge auf Harker zu haben …

Als er Schutz in einem Mausoleum sucht, muss Jonathan Harker in »Draculas Gast« mit ansehen, wie die Toten aus ihren Gräbern steigen.

Pachem – ein untoter Ort? Die für uns interessanteste Frage ist natürlich: Gibt es für das Dorf der lebenden Toten ein reales Vorbild? Und obwohl die Anhaltspunkte im Text überschaubar sind (wir erfahren bspw. nicht einmal die Himmelsrichtung, in die

Bei Sonnenschein ein andächtiger Ort, bei Wind und Wetter könnte Graf Dracula höchstpersönlich erscheinen: der Friedhof St. Stephan in Berg am Laim.

die Kutsche mit Harker unterwegs ist), so sind sich eingefleischte Fans sicher: Es muss sich um die mittelalterliche Siedlung Pachem handeln, die ungefähr dort verortet werden kann, wo heute Berg am Laim liegt. Pachem wurde im 14. Jahrhundert regelmäßig in offiziellen Schriften erwähnt, verschwindet dann aber plötzlich vom Radar. Zudem legt der Hachinger Bach ein durchaus besonderes »Verhalten« an den Tag, er fließt nämlich nur dann oberirdisch, wenn der Grundwasserspiegel hoch genug ist, ansonsten ist er nicht zu sehen – in der Tat irgendwie verhext. Wer jetzt noch mehr über das mysteriöse Verschwinden des Dörfchens erfahren möchte, der liest auf Seite 90 weiter.

Die Kurzgeschichte »Draculas Gast« (1914) ist das ursprünglich geplante erste Kapitel des berühmtesten Vampirromans aller Zeiten.

Pakt mit dem Teufel Aus den Aufzeichnungen und Notizen, die Stoker über Jahre hinweg als Vorbereitung für seinen Roman angefertigt hat, geht hervor, dass für Jonathan Harker noch mehr Unternehmungen in München geplant waren, so auch Besuche der Alten Pinakothek oder der Staatsoper. Als Vorbild diente wahrscheinlich Stokers eigene Reise in den 80er-Jahren des 19. Jahrhunderts nach Süddeutsch-

land, die er aus beruflichen Gründen antrat. Der Ire war nämlich nicht nur Schriftsteller, sondern von 1878 bis 1905 auch Manager von Henry Irving, einem der bekanntesten Theaterschauspieler seiner Zeit am Lyceum Theatre in London. Und welches mystische Stück könnte es denn nun gewesen sein, das Stoker damals dramaturgisch aufbereiten musste? Ganz genau, Goethes »Faust«! Jetzt wird auch klar, warum »Draculas Gast« genau die Nacht thematisiert, die auch bei Goethe eine zentrale Rolle spielt: die Walpurgisnacht. In dieser einen Nacht im Jahr vom 30. April auf den 1. Mai finden dem Volksglauben nach überall Hexentreffen statt, um den Teufel zu feiern. Und wer weiß, vielleicht werden auch Tote lebendig …

Das besondere Erlebnis

Ein Spaziergang auf den Spuren Jonathan Harkers, vorbei am Hotel Vier Jahreszeiten, der Alten Pinakothek und der Staatsoper. Und für Mutige empfehlen wir einen Abstecher nach Berg am Laim zum Friedhof St. Stephan – vielleicht sogar am späten Abend des 30. April …

In »Draculas Gast« übernachtet Jonathan Harker im Münchner Hotel Vier Jahreszeiten.

13 Diese Stadtmauer bot nicht nur Schutz

Der Folter-Kerker im Jungfernturm

Eigentlich soll eine Stadtmauer ja vor Gefahren schützen, doch hinter den Mauern des Jungfernturmes konnte es für bestimmte Personen doch noch viel gefährlicher werden …

München, Oberbayern **Ort** Jungfernturmstraße, 80333 München **GPS** 48.142493, 11.572941 **Anfahrt** Mit der U-Bahn zum Odeonsplatz und dann zu Fuß über die Brienner Straße Richtung Maximiliansplatz

Eine Frau, deren Umarmung nichts Gutes bringt Wenn man heute vor den unter Denkmalschutz stehenden Resten des Jungfernturmes steht, kann man sich nur schwer vorstellen, dass hier vor einigen hundert Jahren eine der abscheulichsten Foltermethoden aller Zeiten zum Einsatz gekommen sein soll: der Tod durch die Eiserne Jungfrau. Seinen Namen verdankt das grausame Werkzeug seiner äußeren Erscheinung, es handelt sich nämlich um einen Sarg-ähnlichen Hohlkörper aus Holz oder Metall, dem oftmals das Antlitz einer Frau gegeben wurde. Das Innere der Konstruktion hatte aber bei Weitem nichts Romantisches an sich, denn es war mit messerscharfen Nägeln gespickt, um einen menschlichen Körper an unzähligen Stellen durchbohren zu können. Die Organe wurden dabei aber nicht sofort lebensgefährlich verletzt, stattdessen starb das Opfer einen qualvollen Tod durch langsames Ausbluten.

Eiserne Jungfrau geschlossen.

(Schein)Prozesse mit tödlichem Ausgang Auch im Jungfernturm, der 1493 zwischen der zweiten Stadtmauer und der vorgelagerten Zwingermauer als Teil der Stadtbefestigung errichtet wurde, sollen Menschen auf diese Art umgekommen sein. Die Verurteilten waren meist Personen, die ohne Rechtsgrundlage aus dem Verkehr gezogen werden sollten. Prozesse gab es zwar, deren Ausgang stand aber eigentlich schon zu Beginn der Verhandlung fest: Wer einmal in das fensterlose Gemäuer gebracht wurde, verließ es nicht mehr lebendig. Angeblich war eine Umarmung der Eisernen Jungfrau aber nicht die einzige Art, auf die die Inhaf-

1493 wurde der Jungfernturm als Teil der Stadtbefestigung errichtet. Heute erinnert an den Ort des Schreckens noch eine kleine Tafel.

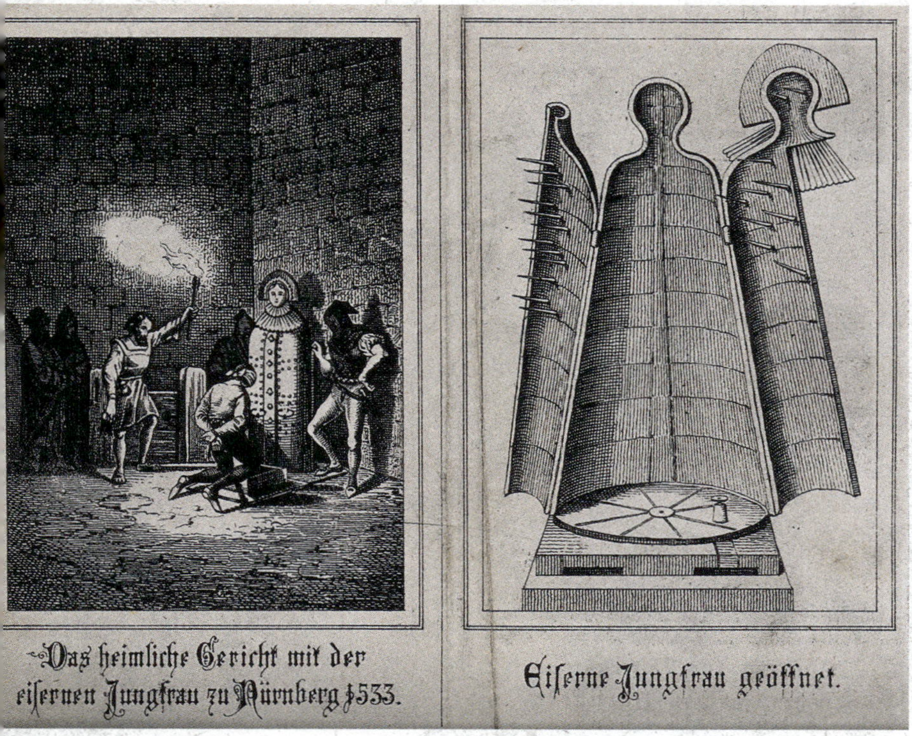

Die Eiserne Jungfrau bescherte einen langen, qualvollen Tod: Die Nägel im Inneren des Hohlkörpers ließen die Opfer langsam ausbluten.

tierten ihr Leben ließen. Erzählungen zufolge gab es auch eine Statue der Jungfrau Maria, die der Angeklagte nach seinem Schuldspruch küssen musste. Ging er der Aufforderung nach, öffnete sich unter seinen Füßen eine Falltür und er stürzte ins Verlies, wo er sich selbst überlassen wurde. Damals barg ein „Besuch“ des Jungfernturms nur düstere Aussichten: eine tödliche Umarmung oder der Sturz ins Verderben. Wie es heutigen Besuchern ergehen mag, findet man am besten selbst heraus.

Der Jungfernturm selbst steht schon lange nicht mehr, die alten Stadtmauern befinden sich jedoch mitten in der Münchner Innenstadt.

Das besondere Erlebnis

Mit der passenden Lektüre ein ruhiges Plätzchen mit Blick auf den Jungfernturm suchen und sich dann in die dunkle Vergangenheit entführen lassen. Besonders gut eignet sich »Die weiße und die schwarze Braut« der Gebrüder Grimm, heißt es darin doch »Die verdient, dass man sie nackt auszieht und in ein Fass mit Nägeln legt, und dass man vor das Fass ein Pferd spannt und das Pferd in alle Welt schickt.« Klingt doch wie eine einfallsreiche Variation der Eisernen Jungfrau …

14 Das ehemalige Freibad St. Floriansmühle

Das Becken vor lauter Bäumen nicht sehen

»Pack die Badehose ein, nimm dein kleines Schwesterlein und dann nischt wie raus nach Freimann!«, denn im Norden Münchens versteckt sich ein ganz besonderer Lost Place.

München, Bayern **Ort** Floriansmühlstraße 23, 80939 München **GPS** 48.191661, 11.622181 **Anfahrt** Mit der U6 nach Freimann und dann den Rest zu Fuß oder mit der Buslinie 181 direkt zur Floriansmühlstraße

An diesem Kassenhäuschen fand man früher Einlass in das beliebte Freibad St. Floriansmühle.

Ein Freibad ruht in Frieden Lautes Platschen und fröhliche Kinderstimmen – das sind die Geräusche, die einem beim Wort Freibad in den Sinn kommen. Anders ist es beim ehemaligen Naturbad St. Floriansmühle, denn hier herrscht seit beinahe drei Jahrzehnten Stille. Wo früher erhitzte Gemüter Abkühlung suchten und hungrige Mäuler sich nach dem Baden mit allerlei Köstlichkeiten vom Schwimmbadkiosk verwöhnten, regiert heute einzig und allein Mutter Natur: rostige Geländer, moosbedeckte Stufen, bewaldete Becken. Betrachtet man sich dieses Szenario, fällt es richtig schwer, sich vorzustellen, dass dieser Lost Place bis in die späten 1980er-Jahre hinein einmal ein sommerlicher »Place to be« war.

Glanz und Gloria in Schwabing-Freimann Das war aber in der Tat so, denn im Floriansmühlbad, zwischen Freisinger Landstraße und Floriansmühlstraße, schwammen nicht nur Schulkinder in den Sommerferien oder Münchner Familien, sondern auch die Schwabinger Prominenz gab sich hier regelmäßig ein Stelldichein. Junge Damen räkelten sich auf der Liegewiese (selbstverständlich oben ohne, früher war man wohl doch etwas entspannter) und hofften, entdeckt zu werden. Das war gar nicht

Die Schrift der Hinweisschilder: noch lesbar, aber sehr verblasst.

Heute ist das Bad nicht mehr zugänglich und abgeriegelt.

so unwahrscheinlich, denn nicht selten war das Fernsehen vor Ort und fertigte Aufnahmen des Freibads an. Und sogar einige Szenen für »Die unendliche Geschichte« wurden hier gedreht. Doch nicht nur die Kamerateams zeigten sich von den weiblichen Badegästen beeindruckt, auch die feinen Herren stürzten sich wagemutig ins Wellenbad, in die eiskalten Fluten des Kanals (maximale Wassertemperatur von 21 Grad) oder zogen ihre Bahnen im 2000 Quadratmeter großen Becken, um die hübschen Mädchen zu beeindrucken. 1989 wurde das Bad allerdings verkauft und fünf Jahre später war der Badespaß dann leider endgültig vorbei.

Es bleibt ruhig am Garchinger Mühlbach Seither holt sich die Natur das Areal zurück und mittlerweile ist hier mehr Wald als Schwimmbad zu erkennen. Viele würden dies gern anders sehen und an dieser Stelle wieder ein Freibad eröffnen, doch so recht will die Stadt München da nicht mitziehen: Die Wasserqualität sei nicht aus-

reichend, der Lärmschutz nicht geboten und auch wirtschaftlich sei ein, im Vergleich zur Konkurrenz, so kleines Schwimmbad nicht rentabel. Das mag schade sein für viele Wasserratten, aber Freunde des Dark Tourism dürfte dies freuen, denn so bleibt der bayerischen Landeshauptstadt einer der raren verlassenen Orte erhalten.

Aus dem Mühlbach wurde das Becken mit erfrischend-kaltem Wasser gespeist.

Das besondere Erlebnis

Da sich nicht absehen lässt, ob und wann der Badespaß ins ehemalige Naturschwimmbad zurückkehren wird, empfehlen wir nach der Begutachtung des stillgelegten Bades, sich im Naturbad Maria Einsiedel zu erfrischen. Am besten mit passender Lektüre: Steffen Schroeders »Mein Sommer mit Anja« ist geprägt von der Kindheit und Jugend des Schriftstellers, der früher ganze Sommer im Floriansmühlbad verbrachte. Also der perfekte Lesestoff, um sich in die vergangenen Tage dieses Lost Place zurückzuversetzen!

15 Ólafur Elíassons Umschreibung

Treppauf, treppab, treppauf, treppab …

Denkt man ans Münchner Westend, denkt man Augustiner, Bavaria und Wiesn, aber sicher nicht an eine nie enden wollende Treppe – nach diesem Ausflug schon!

München, Oberbayern **Ort** Ganghoferstraße 29, 80339 München **GPS** 48.132785, 11.540279 **Anfahrt** Mit der U4 oder U5 zur Schwanthalerhöhe

Rechte Seite: Auch im Lenbachhaus kommen Fans des isländischen Künstlers auf ihre Kosten.

Versteckt im Westend In unmittelbarer Nähe der Theresienwiese, auf der sich jedes Jahr (sofern keine Pandemie den Feierwütigen einen Strich durch die Rechnung macht) Menschenmassen zum größten Volksfest der Welt versammeln, befindet sich ein wahrhaft unbekannter Lost & Hidden Place: eine Treppe, die ins Nirgendwo führt. Um zu diesen mehr als mysteriös anmutenden Stufen zu gelangen, sollte man sich vom Festplatz weiter ins Herz des Westends bewegen. An der Schwanthalerhöhe, genauer gesagt am Georg-Freundorfer-Platz, hält man Ausschau nach einem orangefarbenen modernen Bürogebäude – soweit so unspektakulär! Und eben weil dieses Gebäude, das eine große Wirschaftsprüfungsgesellschaft beherbergt, so furchtbar normal aussieht, ist es wohl eher unwahrscheinlich, dass man als Passant auf die Idee kommt, hier im Hinterhof Ausschau nach einem Lost Place zu halten.

Versteckt in einem Münchner Innenhof liegt eine nie enden wollende Treppe.

Stairway to …? Genau das sollte man hier aber tun. Im Atrium angekommen, findet man eine Treppe vor, die sich mit ihrer Gestaltung perfekt in die Architektur des Bürogebäudes einfügt, sodass der Betrachter erst auf den zweiten Blick irritiert sein wird. Denn hierbei handelt es sich nicht um eine Feuertreppe oder ähnliches – diese Stufen haben kein Ziel. Die neun Meter hohe Stahlkonstruktion in Form einer Doppelhelix ist die weltweit einzige Treppe, die man auf- und absteigen kann, ohne dabei die Richtung zu wechseln, nur ans Ziel kommt man dabei nicht, zumindest nicht auf den ersten Blick – alles höchst verwirrend …

Ein tiefgründiges Kunstwerk Verursacher dieser Verwirrung ist kein Geringerer als Ólafur Elíasson. Der dänische Künstler isländischer Herkunft verwirklichte dieses Kunstwerk 2004 im Auftrag besagter Wirschaftsprüfungsgesellschaft,

FRANZ VON LENBACH
TICKETS
TICKETS
JAHRESKARTENVERKAUF

Achtung: Drehwurmgefahr!

der KPMG. Die Installation mit dem vielsagenden Titel »Umschreibung« symbolisiert auf außergewöhnliche Weise den ewigen Kreislauf von Auf und Ab und wurde mehr als verdient ebenfalls 2004 mit dem »mfi Preis« für Kunst am Bau ausgezeichnet. Meist ist die »Umschreibung« offen zugänglich, weshalb es sich auf jeden Fall lohnt, sie zu erklimmen oder hinabzuschreiten, was genau genommen Dasselbe ist. Und wo könnte man sich besser seinen eigenen Gedanken hingeben oder sich gar in ihnen verlieren als auf einer Treppe, die ins Nichts führt?

Das besondere Erlebnis

Wer hiernach auf den Geschmack der besonderen Arbeit des Künstlers Ólafur Elíasson gekommen ist und noch mehr davon sehen möchte, der muss gar nicht weit reisen. In München finden sich noch ein paar seiner Kunstwerke: die »Sphere« in den Fünf Höfen an der Theatinerstraße, das »Wirbelwerk« im Lenbachhaus und das »Bühnenfenster« der Bayerischen Staatsoper am Marstallplatz.

Auch nachts besteht hier erhöhte Schwindelgefahr.

Linke Seite: Ólafur Elíasson ist ein Künstler, dessen Installationen sich weltweit größter Beliebtheit erfreuen. München kann sich glücklich schätzen, gleich mehrere davon beheimaten zu dürfen. Hier die »Sphere« in den Fünf Höfen.

Magisch glänzend: das »Bühnenfenster« am Marstallplatz

16 Eine verlassene Fabrik in Pasing

Die Eggenfabrik

Wenn man mit der S-Bahn auf der Münchner Stammstrecke von Laim nach Pasing fährt, kann man rechts ein großes Gebäude entdecken. Fast drei Stockwerke hoch mit einer kunstvoll geschwungenen Fassade steht hier die Eggenfabrik, ein Gebäude, das fest zum Stadtbild von Pasing gehört.

München, Oberbayern **Ort** Ecke Erna-Eckstein-Straße/Angela-von-den-Driesch-Weg, 81245 München **GPS** 48.14817729638044, 11.47661993627528 **Anfahrt** Mit dem Bus der Linie 161 oder 180 zur Erna-Eckstein-Straße

Wirklich einladend wirkt dieser Eingang zu dem heruntergekommenen Fabrikgebäude aber nicht …

Die Liebe Die Geschichte der Eggenfabrik beginnt mit einer Romanze. Der spätere Fabrikleiter August Fischer verliebt sich in die Schwester seines Chefs und wurde deswegen prompt gefeuert. Doch die Schwester seines ehemaligen Chefs erwiderte August Fischers Gefühle und so beschlossen beide, sich in Pasing ein neues Leben aufzubauen: Eine landwirtschaftliche Fabrik sollte ihr Lebenswerk werden. Dafür ließen sie 1909/10 eine über 1000 Quadratmeter große Halle zur Herstellung von landwirtschaftlichen Mitteln und Geräten erbauen – darunter auch Eggen, ein Gerät zur Bodenbearbeitung und Mittel zur Unkrautbekämpfung.

Eine optisch ansprechende Fabrikhalle Besonders prägend für die Halle ist die Schweifgiebelfassade mit einem geometrischen Dekor, die das äußere der Fabrikhalle optisch stark aufwertete. Dazu kommt ein mehrfach geknicktes Satteldach mit einem großzügigen Dachfenster, welches das notwendige Licht für die Arbeit in der Halle garantierte. Heute nicht mehr zu sehen sind die beiden großen Seitenflügel, die die zentrale Fabrikhalle flankierten – ein imposantes Bauwerk!

Rechte Seite: Auch wenn deutlich zu sehen ist, dass hier der Zahn der Zeit schon ordentlich nagte, ist die Architektur der alten Fabrik immer noch beeindruckend.

Der Zerstörung entgangen Doch schon in den 1920er-Jahren ging die Produktion zurück und 1930 wurde der Betrieb endgültig eingestellt. Das Gelände wurde an die Bahn verkauft, die das Gebäude gelegentlich als Lagerhalle nutzte. Die Seitenflügel

der Halle fielen in den 1940er-Jahren der Zerstörung durch den Zweiten Weltkrieg zum Opfer und wurden in der frühen Nachkriegszeit abgerissen. In der Folgezeit wurden auch die unteren Fenster zugemauert – wohl um das Betreten der Lagerhalle zu erschweren – und das Dach überholt. Das leer stehende Gebäude war aber mittlerweile so prägend für das Stadtbild Pasings, dass es 2015 unter Denkmalschutz gestellt und zum Industriedenkmal ernannt wurde. Doch mit diesem neuen Status kam auch eine neue Aufgabe auf die Pasinger Lokalpolitik zu, denn Gebäude, die unter Denkmalschutz stehen, müssen auch ein Nutzungskonzept vorweisen. Die seit Jahren leer stehende Halle war aber bisher nur ein inoffizieller Treff für Jugendliche und wurde von verschiedenen Graffitikünstlern genutzt. Vor allem in der Halle kann man zahlreiche Werke von diesen sehen – manche optisch sehr ansprechend, andere eher weniger. Die Stadt Pasing entschloss sich daher, die Fabrikhalle zu renovieren und zu einer Actionsporthalle zum Skaten, BMX-Fahren oder Parcourlaufen umzufunktionieren. Über 1000 Quadratmeter mit Parcours und Hindernissen, Umkleiden, sanitären Anlagen und ein Anbau mit noch mehr Sportanlagen sollen bis zum Ende des Jahres 2023 hier entstehen. Aktuell steht die Halle noch leer

und ist ungenutzt. Der Zugang ist allerdings stark erschwert, da die Grundstücke um die Fabrik aktuell selbst Baustellen sind und das Gelände mit Bauzäunen abgesperrt ist. Aber auch wenn man die Halle vielleicht nicht von innen zu Gesicht bekommt, auch von außen ist sie ein schönes Denkmal bayerischer Industriegeschichte.

Schade drum: Das einst so imposante Bauwerk ist heute lediglich ein großer, leerer, verlassener Raum.

Besonderes Erlebnis

In unmittelbarer Nähe liegt das Areal, das die Münchner »An der Schlossmauer« nennen, nach der sich hier befindlichen Straße gleichen Namens. Es handelt sich hierbei um weitläufige Wiesen, die jenseits der Schlossmauer des Nymphenburger Schlossparks liegen. Im Gegensatz zum Schlosspark darf man hier die Wiesen betreten, Picknick machen, die Hunde frei laufen lassen: dazu die S-Bahngleise, alles wildromantisch. Sehenswert sind die Ha-has – eine Art Burggraben, mit dem ein Schlosspark umgeben wurde. So kam niemand hinein, aber der Blick konnte sich trotzdem in die unendliche Landschaft weiten. Das funktioniert natürlich auch umgekehrt und so gibt es hier sehr schöne Sichtachsen auf Schloss Nymphenburg.

17 Vater und Mutter bestialisch ermordet

»Und bleib im Hause übrig, er allein«

In einem der schönsten und idyllischsten Stadtteile Münchens ereignete sich vor etwas über einem Jahrhundert ein tragisches Familiendrama.

München, Oberbayern **Ort** Lothringer Straße 11, 81667 München **GPS** 48.127661, 11.597781 **Anfahrt** Mit der U5 zum Ostbahnhof oder mit der S-Bahn zum Rosenheimer Platz

Hier ist etwas faul! Am 17. August 1919 suchten zwei junge Männer eine Münchner Polizeiwache auf. Die beiden Jugendlichen gaben an, in der elterlichen Wohnung

Heute in idyllischster Lage im Franzosenviertel, damals Schauplatz eines Familiendramas: In der Lothringer Straße 11 ermordete ein 16-Jähriger bestialisch seine Eltern.

ihres Freundes Josef einen starken Verwesungsgeruch wahrgenommen zu haben, für den ihr Kamerad keine vernünftige Erklärung abgeben konnte. Die drei hatten vor, in der Abwesenheit von Josefs Eltern ungestört ein paar Schießübungen zu machen. Als daraufhin die Polizei noch am selben Tag die Wohnung im beschaulichen Franzosenviertel im Münchner Stadtteil Haidhausen aufsuchte, standen sie zunächst vor verschlossener Tür, doch merkten bzw. rochen sie, dass es hier nicht mit rechten Dingen zuging. Auch die Nachbarn hatten sich bereits am fauligen Geruch aus der Wohnung des Ehepaars Joseph und Maria Apfelböck gestört und den Sohn der beiden darauf angesprochen. Dieser erklärte den Gestank notdürftig mit gammeliger Wäsche und verdorbenem Fleisch. Nachdem sich die Polizisten Zutritt zur Einzimmerwohnung mit Wohnküche verschafft hatten, mussten sie mit Schrecken feststellen, dass hier weder klamme Wäsche noch altes Fleisch für den mittlerweile bestialischen Gestank verantwortlich waren.

Ein Mörder U18 Auf dem Weg zum Schlafzimmer fand man zwei bereits teils mumifizierte Leichen, die sich relativ schnell als Ehepaar Apfelböck identifizieren ließen. Natürlich geriet der Sohn Josef direkt unter Verdacht, doch der war unauffindbar. Wo er sich zu diesem Zeitpunkt aufhielt und wo er die anschließende Nacht ver-

Bertolt Brecht verarbeitete die Thematik in einem seiner Werke.

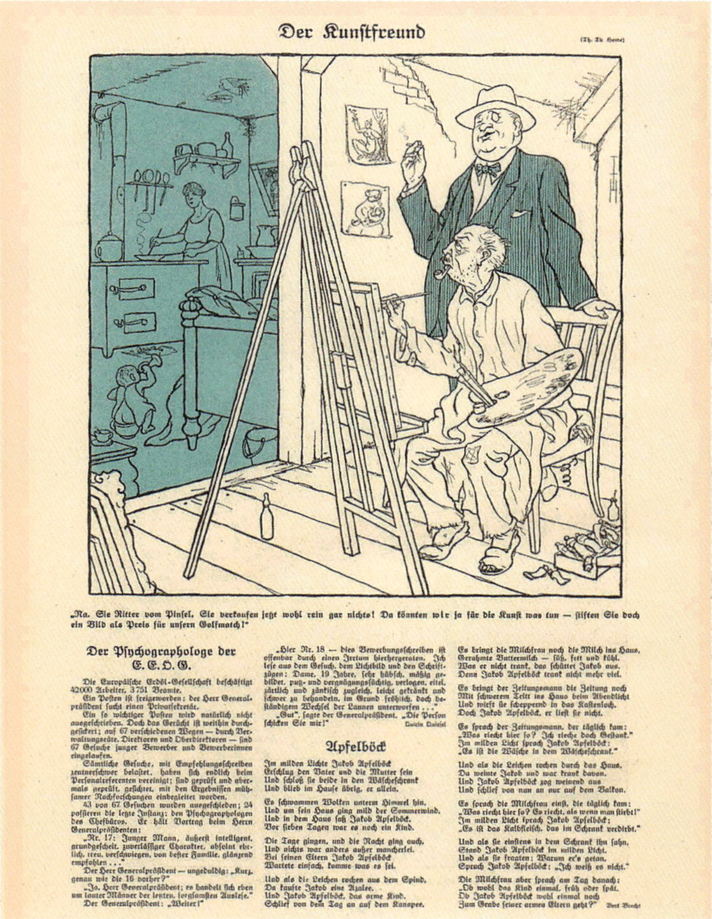

Der Kunstfreund

(Th. Th. Heine)

„Na, Sie Ritter vom Pinsel, Sie verkaufen jetzt wohl rein gar nichts! Da könnten wir ja für die Kunst was tun — stiften Sie doch ein Bild als Preis für unsern Golfmatch!"

Der Psychographologe der E.E.O.G.

Die Europäische Erdöl-Gesellschaft beschäftigt 42000 Arbeiter, 3751 Beamte.

Ein Posten ist freigeworden: der Herr Generalpräsident sucht einen Privatsekretär.

Ein so wichtiger Posten wird natürlich nicht ausgeschrieben. Doch das Gerücht ist weithin durchgesickert; auf 67 verschiedenen Wegen — durch Verwaltungsräte, Direktoren und Oberdirektoren — sind 67 Gesuche junger Bewerber und Bewerberinnen eingelaufen.

Sämtliche Gesuche, mit Empfehlungsschreiben zentnerschwer belastet, haben sich endlich beim Personalreferenten vereinigt; sind geprüft und abermals geprüft, gesichtet, mit den Ergebnissen mühsamer Nachforschungen einbegleitet worden.

43 von 67 Gesuchen wurden ausgeschieden; 24 passieren die letzte Instanz: den Psychographologen des Chefbüros. Er hält Vortrag beim Herrn Generalpräsidenten:

„Nr. 17: Junger Mann, äußerst intelligent, grundgescheit, zuverlässiger Charakter, absolut ehrlich, treu, verschwiegen, von bester Familie, glänzend empfohlen ..."

Der Herr Generalpräsident — ungeduldig: „Kurz, genau wie die 16 vorher?"

„Ja, Herr Generalpräsident; es handelt sich eben um lauter Männer der letzten, sorgsamsten Auslese."

Der Generalpräsident: „Weiter!"

„Hier Nr. 18 — dies Bewerbungsschreiben ist offenbar durch einen Irrtum hierhergeraten. Ich lese aus dem Gesuch, dem Lichtbild und den Schriftzügen: Dame, 19 Jahre, sehr hübsch, mäßig gebildet, putz- und vergnügungssüchtig, verlogen, eitel, zärtlich und zänkisch zugleich, leicht gekränkt und schwer zu behandeln, im Grund fröhlich, doch beständigem Wechsel der Launen unterworfen ..."

„Gut", sagte der Generalpräsident, „Die Person schicken Sie mir!"

Apfelböck

Im milden Lichte Jakob Apfelböck
Erschlug den Vater und die Mutter sein
Und schloß sie beide in den Wäscheschrank
Und blieb im Hause übrig, er allein.

Es schwammen Wolken unterm Himmel hin,
Und um sein Haus ging mild der Sommerwind,
Und in dem Haus saß Jakob Apfelböck,
Vor sieben Tagen war es noch ein Kind.

Die Tage gingen, und die Nacht ging auch,
Und nichts war anders außer mancherlei,
Bei seinen Eltern Jakob Apfelböck
Wartete einfach, komme was es sei.

Und als die Leichen rochen aus dem Spind,
Da kaufte Jakob eine Azalee,
Und Jakob Apfelböck, das arme Kind,
Schlief von dem Tag an auf dem Kanapee.

Es bringt die Milchfrau noch die Milch ins Haus,
Gerahmte Buttermilch — süß, fett und kühl.
Was er nicht trank, das schüttet Jakob aus,
Denn Jakob Apfelböck trank nicht mehr viel.

Es bringt der Zeitungsmann die Zeitung noch
Mit schwerem Tritt ins Haus beim Abendlicht
Und wirft sie scheppernd in das Kastenloch,
Doch Jakob Apfelböck, er liest sie nicht.

Es sprach der Zeitungsmann, der täglich kam:
„Was riecht hier so? Ich rieche doch Gestank."
Im milden Licht sprach Jakob Apfelböck:
„Es ist die Wäsche in dem Wäscheschrank."

Und als die Leichen rochen durch das Haus,
Da weinte Jakob und war krank davon.
Und Jakob Apfelböck zog weinend aus
Und schlief von nun an nur auf dem Balkon.

Es sprach die Milchfrau einst, die täglich kam:
„Was riecht hier so? Es riecht, als wenn man stirbt!"
Im milden Licht sprach Jakob Apfelböck:
„Es ist das Kalbfleisch, das im Schrank verdirbt."

Und als sie einstens in dem Schrank ihn sahn,
Stand Jakob Apfelböck im milden Licht,
Und als sie fragten: Warum er's getan,
Sprach Jakob Apfelböck: „Ich weiß es nicht."

Die Milchfrau aber sprach am Tag danach:
„Ob wohl das Kind einmal, früh oder spät,
Ob Jakob Apfelböck wohl einmal noch
Zum Grabe seiner armen Eltern geht?"

Bert Brecht

brachte, wird man wohl nie erfahren. Am Morgen des 18. August suchte er seinen Onkel auf, der allerdings in der Zwischenzeit von der Polizei informiert worden war und den jungen Verdächtigen direkt auslieferte. Josef streitet die Tat zunächst vehement ab und tischt den ermittelnden Beamten eine Geschichte auf, in der sein Vater zunächst die Mutter umbrachte und anschließend sich selbst. Es lag jedoch gleich auf der Hand, dass sich die Tat nicht auf diese Weise abgespielt haben konnte, und die Ermittler nahmen den Jungen weiter in die Mangel, bis dieser dem Druck nicht weiter standhalten konnte und gestand: Er hatte zuerst seine Mutter erschossen und als sein Vater kurze Zeit später von Waldarbeiten nach Hause kam, diesen erstochen. Zum Motiv äußerte er sich nicht. Im November desselben Jahres wurde Josef Apfelböck vor das Münchner Volksgericht am Mariahilfplatz gestellt und zur Höchststrafe nach Jugendstrafrecht – 15 Jahre Zuchthaus – verurteilt. Die nächsten Jahre verbrachte er im Gefängnis in Landsberg am Lech; 1932 wurde er begnadigt und kehrte nach München zurück, wo er bis zu seinem Tod Mitte der 1980er-Jahre weitestgehend zurückgezogen lebte.

Bleibt die Frage nach dem Warum Weshalb der junge Mann, der zuvor der Polizei nie aufgefallen war, seine Eltern umbrachte, kann nur gemutmaßt werden. Scheinbar hatte er kurze Zeit vor der schrecklichen Tat seine Arbeit als Elektromonteur verloren und wollte sich beruflich neu orientieren. Als glühender Filmfan schwebte ihm eine Stelle als Filmvorführer vor, seine Mutter war jedoch dagegen und untersagte ihm, sich zu bewerben. Als sie ihm das beim gemeinsamen Abendessen an einem Sommerabend mitteilte, wusste sie wahrscheinlich nicht, dass sie damit ihr eigenes Todesurteil gesprochen hatte. Trotzdem bleibt unerklärlich, warum diese Nachricht Josef derart Rot sehen ließ, dass er dieses Blutbad anrichtete. Vielleicht wusste er es selbst nicht, wie auch Bertolt Brecht in seinem Gedicht »Apfelböck oder Die Lilie auf dem Felde« als Theorie aufstellt:

Heute befindet sich im Erdgeschoss des Gebäudes eine belebte Gaststätte – auf zum Feierabendbier mit besonderem Nervenkitzel!

1. Im milden Lichte Jakob Apfelböck
Erschlug den Vater und die Mutter sein
Und schloß sie beide in den Wäscheschrank
Und blieb im Hause übrig, er allein.

2. Es schwammen Wolken unterm Himmel hin
Und um sein Haus ging mild der Sommerwind
Und in dem Hause saß er selber drin
Vor sieben Tagen war es noch ein Kind.

3. Die Tage gingen und die Nacht ging auch
Und nichts war anders außer mancherlei
Bei seinen Eltern Jakob Apfelböck
Wartete einfach, komme was es sei.

4. Es bringt die Milchfrau noch die Milch ins Haus
Gerahmte Buttermilch, süß, fett und kühl.
Was er nicht trinkt, das schüttet Jakob aus
Denn Jakob Apfelböck trinkt nicht mehr viel.

5. Es bringt der Zeitungsmann die Zeitung noch
Mit schwerem Tritt ins Haus beim Abendlicht
Und wirft sie scheppernd in das Kastenloch
Doch Jakob Apfelböck, der liest sie nicht.

6. Und als die Leichen rochen durch das Haus
Da weinte Jakob und ward krank davon.
Und Jakob Apfelböck zog weinend aus
Und schlief von nun an nur auf dem Balkon.

7. Es sprach der Zeitungsmann, der täglich kam:
Was riecht hier so? Ich rieche doch Gestank.
In mildem Licht sprach Jakob Apfelböck:
Es ist die Wäsche in dem Wäscheschrank.

8. Es sprach die Milchfrau einst, die täglich kam:
Was riecht hier so? Es riecht, als wenn man stirbt!
In mildem Licht sprach Jakob Apfelböck:
Es ist das Kalbfleisch, das im Schrank verdirbt.

9. Und als sie einstens in den Schrank ihm sahn
Stand Jakob Apfelböck in mildem Licht
Und als sie fragten, warum er's getan
Sprach Jakob Apfelböck: Ich weiß es nicht.

„Neue freie Volks-Zeitung" in München.

Der jugendliche Elternmörder vor dem Volksgericht.

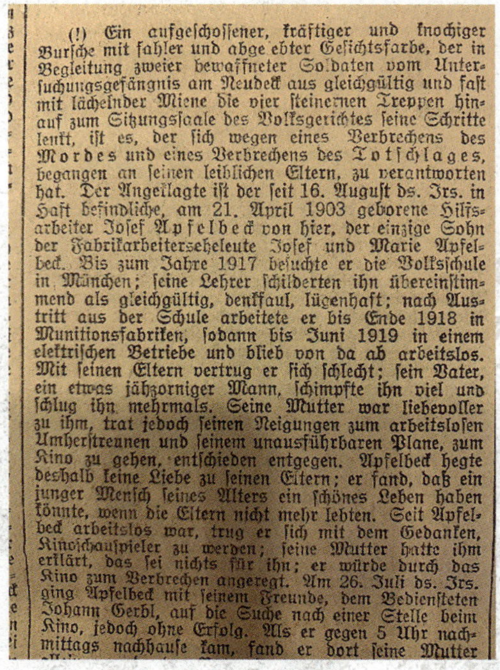
(!) Ein aufgeschossener, kräftiger und knochiger Bursche mit fahler und abge ebter Gesichtsfarbe, der in Begleitung zweier bewaffneter Soldaten vom Untersuchungsgefängnis am Neudeck aus gleichgültig und fast mit lächelnder Miene die vier steinernen Treppen hinauf zum Sitzungssaale des Volksgerichtes seine Schritte lenkt, ist es, der sich wegen eines Verbrechens des Mordes und eines Verbrechens des Totschlages, begangen an seinen leiblichen Eltern, zu verantworten hat. Der Angeklagte ist der seit 16. August ds. Jrs. in Haft befindliche, am 21. April 1903 geborene Hilfsarbeiter Josef Apfelbeck von hier, der einzige Sohn der Fabrikarbeitersehelente Josef und Marie Apfelbeck. Bis zum Jahre 1917 besuchte er die Volksschule in München; seine Lehrer schilderten ihn übereinstimmend als gleichgültig, denkfaul, lügenhaft; nach Austritt aus der Schule arbeitete er bis Ende 1918 in Munitionsfabriken, sodann bis Juni 1919 in einem elektrischen Betriebe und blieb von da ab arbeitslos. Mit seinen Eltern vertrug er sich schlecht; sein Vater, ein etwas jähzorniger Mann, schimpfte ihn viel und schlug ihn mehrmals. Seine Mutter war liebevoller zu ihm, trat jedoch seinen Neigungen zum arbeitslosen Umherstreunen und seinem unausführbaren Plane, zum Kino zu gehen, entschieden entgegen. Apfelbeck hegte deshalb keine Liebe zu seinen Eltern; er fand, daß ein junger Mensch seines Alters ein schönes Leben haben könnte, wenn die Eltern nicht mehr lebten. Seit Apfelbeck arbeitslos war, trug er sich mit dem Gedanken, Kinoschauspieler zu werden; seine Mutter hatte ihm erklärt, das sei nichts für ihn; er würde durch das Kino zum Verbrechen angeregt. Am 26. Juli ds. Jrs. ging Apfelbeck mit seinem Freunde, dem Bediensteten Johann Gerbl, auf die Suche nach einer Stelle beim Kino, jedoch ohne Erfolg. Als er gegen 5 Uhr nachmittags nachhause kam, fand er dort seine Mutter

Der Schein der jugendlichen Unschuld trügt: Hier sieht man einen eiskalten Mörder.

Das besondere Erlebnis

Heute befindet sich in der Lothringer Straße 11 eine Bar, Vivo, die zum geselligen Beisammensein und wilden Diskussionen um das wirkliche Motiv des Mutter- und Vatermörders einlädt. Und wo könnte man einen Kneipenabend mit mehr Nervenkitzel verbringen als unter DEM Dach, unter dem einst Josef Apfelböck seine Eltern tötete?

18 Wie vom Erdboden verschluckt

Ein verschwundenes Dorf mitten in Berg am Laim

Die mittelalterliche Siedlung Pachem ist nicht mehr, der Grund für ihr Verschwinden mysteriös. So mysteriös, dass es das Dorf in die Welt Graf Draculas geschafft haben könnte.

München, Oberbayern **Ort** Betonrohr Hachinger Bach, Berg am Laim, 81671 München **GPS** 48.119508, 11.633074 **Anfahrt** Mit der U5, U7 oder U8 bis Michaelibad, dann Richtung Norden 150 Meter die Kampenwandstraße entlang

Nicht nur Dracula verbreitet hier Angst und Schrecken Es ist ein warmer Frühlingstag, als sich Jonathan Harker, der Protagonist von Bram Stokers Roman »Dracula«, auf eine Spazierfahrt außerhalb Münchens begibt. Der Kutscher drängt ihn, bald umzukehren, immerhin ziehe ein Sturm auf und am 30. April – der Walpurgisnacht – dürfe man dies nicht im Freien erleben. Harker will nicht so recht hören und geht allein einen schmalen, von Bäumen umrankten Pfad weiter. Dieser führe zu einem verhexten Ort, wie ihm zuvor der Kutscher erzählt hat. Vor einigen hundert Jahren habe es dort ein Dorf gegeben, dessen Bewohner allesamt gestorben oder weggezogen seien. Noch heute höre man jedoch des Nachts absonderliche Laute, die aus dem lehmigen Boden zu kommen scheinen. Harkers Ausflug endet schließlich damit, dass er von Graf Dracula höchstpersönlich vor einer wandelnden Untoten gerettet werden muss. Wie schauerbegierige Leser auf Seite 62 erfahren können, beginnt seine eigentliche Reise erst einen Tag darauf. Was allerdings fast noch unheimlicher ist als ein blutrünstiger Untoter, ist die Tatsache, dass hier wohl ein ganzer Ort verschwunden ist und keiner weiß Genaueres über seinen Verbleib. Wenn das nicht ein Aufruf für alle Hobbyermittler ist?

Der Hachinger Bach könnte das Gewässer gewesen sein, von dem Pachem abhängig war. Doch damals wie heute fließt der Bach meist unterirdisch durch Berg am Laim.

Das verschwundene Dorf Stokers Beschreibung des verhexten Dorfes erinnert an eine hiesige Legende. Irgendwo im heutigen Stadtteil Berg am Laim befand sich die Gemeinde Bachheim bzw. Pachem, wie sie in den meisten Quellen genannt wird. Der Ort selbst wird bis ins 14. Jahrhundert auch in den mittelalterlichen Urkunden erwähnt, an seiner Existenz kann also kaum ein Zweifel bestehen. Doch plötzlich scheint Pachem wie vom Erdboden verschluckt zu sein. Keine Erwähnung in den offiziellen Dokumenten ist mehr zu finden, keine Dorfgemeinschaft mehr auszumachen. Heute erinnert lediglich die Münchner Pachemstraße, ein rund 150 Meter kurzer Weg zwischen den U-Bahnstationen Josephsburg und Kreilerstraße, an das einstige Dorf. Doch manche meinen, dort in stillen Nächten noch Geräusche zu hören, die aus der Erde kommen: Wagen, Peitschenknallen, ja selbst das Läuten der Kirchturmglocke.

Die Katastrophen des Mittelalters als Zerstörungsfaktor Mittlerweile gibt es so einige Erklärungsansätze für das Verschwinden des Dorfes. Eine Möglichkeit könnte der Ausbruch der Pest um 1348 in Bayern gewesen sein. Allein in und um München starb rund ein Drittel der Bevölkerung an der Seuche, aus besonders stark betroffenen Gebieten wanderten die Überlebenden ab. Ebenso wahrscheinlich ist es, dass erst der Landshuter Erbfolgekrieg das Dorf 1504 endgültig zerstört hat. Pachem war damals Teil eines geteilten bayerischen Herzogtums, einerseits Bayern-Landshut, andererseits Bayern-München. Als der Landshuter Herzog Georg der Reiche 1503 starb, vermachte er sein Reich entgegen geltendem Recht nicht an einen männlichen Erben, sondern an seine Tochter Elisabeth und ihren Mann. Der Münchner Herzog Albrecht IV. wollte dies nicht akzeptieren und konnte über weite Verwandtschaftsverhältnisse Georgs Erbe beanspruchen. Es entbrannte ein Konflikt, aus dem Albrecht IV. schließlich siegreich hervorging und so die beiden Reichsteile zu einem bayerischen Herzogtum vereinte. Tribut musste dabei die Bevölkerung zahlen: Zahlreiche Städte und Dörfer wurden verwüstet, Räuberbanden und Soldatentrupps trieben die Menschen aus ihren Häusern, Seuchen wie die Ruhr grassierten ungebremst. Auch Pachem und dessen Bewohner könnten so Opfer des Krieges geworden sein.

Die Münchner Pachemstraße ist heute das Einzige, das an die Existenz des mittelalterlichen Dorfes erinnert.

Ein Dorf und sein Gewässer Eine ebenso legitime Theorie geht auf den Wortursprung der Dorfbezeichnung zurück. Der Dialekt der Einheimischen machte wohl aus dem Ortsnamen Bachheim über die Jahre hinweg Pachem, was auf die zentrale Bedeutung eines in der Nähe liegenden Gewässers hindeutet. In Frage kommt dabei lediglich der Hachinger Bach, der das Landschaftsbild von Berg am Laim damals wie heute prägt und somit wohl ebenso sagenumwoben ist wie das verschwundene Dorf selbst. Der lehmige, feuchte Boden ist seinem Bestehen geschuldet, weswegen das Gebiet schon im mittel-

hochdeutschen »Berg am Laimb« genannt wurde, was so viel bedeutet wie Berg am Lehm. Der Hachinger Bach ist jedoch sowohl an seiner Quelle im äußersten Münchner Süden als auch inmitten von Berg am Laim stark vom Grundwasserspiegel abhängig. Ist dieser hoch, drückt er den Bach weiter nach oben, ist er niedrig, versickert der Bach und verschwindet im Boden. Dieser Umstand könnte ausschlaggebend gewesen sein für die Bevölkerung Pachems, ihr Dorf endgültig zu verlassen.

Im Ostpark fließt er noch oberirdisch, ein Betonrohr führt ihn ab dem Michaelibad unter die Erde: der Hachinger Bach.

Der Hachinger Bach unter der Erde Heute hat sich die Münchner Stadtplanung die Eigenheiten des Hachinger Bachs zunutze gemacht. Dort, wo das Wasser ohnehin meist im Boden versinkt, läuft eine unterirdische Leitung. So konnten verschiedene Siedlungsprojekte umgesetzt werden, ohne dass der Bach trockenlegt werden musste. Geht man von der U-Bahnstation Michaelibad wenige hundert Meter weiter Richtung Norden, sieht man inmitten eines Ausläufers des Ostparks ein schmales Bachbett. Hier mündet der Hachinger Bach in ein Betonrohr, das ihn quer durch den Stadtbezirk leitet und erst in Riem als Hüllgraben wieder an die Oberfläche kommen lässt.

Das besondere Erlebnis

Aufklärung bietet vielleicht ein Spaziergang im Ostpark Richtung Norden, bis man auf Höhe der U-Bahnstation Michaelibad auf das Betonrohr stößt. Wer lieber die Strecke zwischen der Station Josephsburg und der Pachemstraße abgehen möchte, hört wohl nur mit viel Fantasie Wagengeräusche und Peitschenknallen. Vielleicht vernimmt man jedoch jenseits des Autolärms ein fernes Plätschern, das aus dem Untergrund zu kommen scheint.

19 Satan am geheiligten Ort

Oder was der Teufel mit der Münchner Frauenkirche zu tun hat

Kirchen sind eigentlich zur Ausübung des christlichen Glaubens erbaut, doch in der Geschichte der Frauenkirche kommt auch der Teufel vor.

München-Altstadt, **Ort** Frauenplatz 12, 80331 München, **GPS** 48.138650, 11.573631, **Anfahrt** Mit der U-Bahn oder der S-Bahn bis Marienplatz oder Karlsplatz (Stachus)

Beim Bau der Münchner Frauenkirche soll der Teufel höchstpersönlich am Werk gewesen sein.

Eine Kirche und der Teufel Kirchen können grundsätzlich als Schreckensorte gelten, auch wenn sie doch eigentlich dem Guten geweiht sind. Gerade wenn die Glocken alter Kirchen die Geisterstunde um Mitternacht ankündigen, läuft dem einen oder anderen ein Schauer über den Rücken. Auch die Münchner Frauenkirche – das Wahrzeichen Münchens schlechthin – kann mit Übernatürlichem und dem Bösen in Verbindung gebracht werden, denn gleich am Eingang befindet sich ein Fußabdruck, an dem auch eine Spore zu erkennen ist: der Fußabdruck des Teufels!

Die Münchner Frauenkirche – die Baugeschichte Der heutige Bau folgte auf eine Kirche, die bereits vorher an dieser Stelle gestanden hatte. Die Frauenkirche, wie wir sie kennen, entstand zwischen den Jahren 1468 und 1488 und wurde im gotischen Stil errichtet. Die beiden charakteristischen Turmkuppeln kamen erst etwas später, und zwar 1525, hinzu. Der Innenraum wurde im 19. Jahrhundert im neugotischen Stil umgestaltet. Im Zweiten Weltkrieg fiel die Kirche den Wirren des Krieges zum Opfer und wurde danach wiederaufgebaut.

Rechte Seite: Seit Jahrhunderten ist die Frauenkirche Wahrzeichen Münchens, Besucher staunen über den großzügigen Innenraum. Und doch könnte der Teufel seine Finger im Spiel gehabt haben.

Die Sage Der Baumeister Jörg Ganghofer schloss einen Pakt mit dem Teufel. Der Teufel sollte ihm beim Bau der großen Kirche in München helfen und im Gegenzug würde er dann die Seele des ersten Menschen erhalten, der die Kirche nach Fertigstellung betrat. Der Teufel hielt Wort, und die Kirche wurde ohne große Schwierigkeiten fertiggestellt. Doch als er die Seele des ersten Dombesuchers abholen wollte, trat ihm Ganghofer entgegen und verweigerte ihm das: schließlich habe er die Fenster in der Kirche vergessen und was sollte das für eine Kirche sein – ohne Fenster? Der Teufel wollte dies nicht glauben. Ganghofer führte den Teufel in die Kirche und hier musste der Teufel einsehen, dass es tatsächlich keine Fenster gab. Zornig

120. Der „Bennobogen“ in der Frauenkirche

stampfte er auf den Kirchenboden auf, sodass sich sein Fußabdruck dort einprägte, und verließ die Kirche. Und vor lauter Wut vergaß er den Wind, auf dem er gekommen war, und den er vor der Kirche angebunden hatte. Weswegen heute noch zu jeder Tages- und Nachtzeit um die Frauenkirche ein heftiger Wind weht. Steht man heutzutage auf dem Teufelstritt, sieht man zwar keine Seitenfenster, aber das Mittelfenster. Zwischen 1622 und 1860 jedoch, als die Sage entstand, war das anders. Damals wurde das große Fenster hinter dem Altar durch ein großes Bild verdeckt. Der Teufel blickte also tatsächlich in einen Raum ohne Fenster.

Auch in der Dämmerung bestimmen die Türme der Frauenkirche das Stadtbild.

Das besondere Erlebnis

Die Türme der Frauenkirche sind heute ein Wahrzeichen Münchens. Die charakteristischen »welschen Hauben« (italienischen) wurden aber erst 36 Jahre nach der Fertigstellung der Frauenkirche angebracht. Die beiden haben nicht nur Namen, sie heißen nämlich Stasi (Süden) und Blasi (Norden), sie sind auch unterschiedlich hoch: der Südturm ist 98,45 Meter hoch, der Nordturm 98,57 Meter. Den Südturm kann man besuchen und in ihm mit einem Aufzug nach oben fahren und die Aussicht genießen. Im Südturm hängen sieben Glocken, im Nordturm drei.

Vor lauter Zorn über die angeblich vergessenen Fenster soll der Teufel so heftig auf den Boden gestampft haben, dass man den Abdruck noch heute sieht.

20 Die Weiße Rose

Studentischer Widerstand gegen die Nationalsozialisten

1943 gingen hunderte Flugblätter auf den Boden des Lichthofes in der Ludwig-Maximilians-Universität München nieder, die zum Widerstand gegen das NS-Regime aufriefen. Heute erinnert dort eine Gedenkstätte an die Aktionen und an diejenigen, die sie mit ihrem Leben bezahlen mussten.

München, Oberbayern **Ort** LMU München, Geschwister-Scholl-Platz 1, Maxvorstadt, 80539 München **GPS** 48.150905, 11.580504 **Anfahrt** Mit U3/U6 bis Haltestelle Universität, Haupteingang LMU

Ein beispielloser Widerstand »Wir schweigen nicht, wir sind Euer böses Gewissen, die Weisse Rose lässt Euch keine Ruhe!« Mit diesen Worten endet das vierte von insgesamt sechs Flugblättern, die eine Gruppe junger Studierender zwischen 1942 und 1943 in München und darüber hinaus verteilten. Sie nannten sich selbst die Weiße Rose, eventuell eine Hommage an einen Roman von B. Traven, eventuell auch eine willkürlich gewählte Bezeichnung. Man weiß es nicht genau. Ihr Widerstand gegen die NS-Diktatur, der insbesondere die Gräueltaten an der polnischen und der jüdischen Bevölkerung anprangerte, prägt heute die Erinnerungskultur an der Ludwig-Maximilians-Universität München, der LMU. Damals mündete er für den Großteil der Mitglieder in einer Tragödie.

1942 formierte sich die Weiße Rose Es begann mit abendlichen Lese- und Diskussionsrunden, die die befreundeten Medizinstudenten Hans Scholl und Alexander Schmorell initiierten. Sie sprachen über die moralischen Auswirkungen von Krieg sowie die Pflichten eines Christen, erörterten die Vorlesungen des Münchner Philosophieprofessors Karl Huber. Schon damals waren Willi Graf, Christoph Probst und Hans Scholls Schwester Sophie Teil des gemeinsamen Freundeskreises und nahmen entweder an den Gesprächsrunden teil oder wussten zumindest davon. Die ersten vier Flugblätter der Weißen Rose verfassten und verteilten jedoch vermutlich Alexander Schmorell und Hans Scholl im Sommer 1942 allein. Die Adressaten waren durchwegs Intellektuelle in und um München, die zu passivem Widerstand oder zur Ausrottung der »braunen Horde« aufgerufen wurden.

Karriere in der Hitlerjugend Nicht alle Mitglieder opponierten jedoch von Anfang an gegen das Regime. Vor allem Hans und Sophie Scholl sympathisierten Jahre zuvor mit dem Gemeinschaftsideal der Nationalsozialisten. Beide traten den jeweiligen Jugendorganisationen bei, schafften es sogar in Führungspositionen. Doch dann kamen sie in Kontakt mit der christlich geprägten Bündischen Jugend, die 1933 in der Hitlerjugend aufging und als separate Organisation verboten wurde. Immer mehr distanzierten sie sich nun von dem propagierten Weltbild und äußerten ihren Freunden gegenüber, dass sie klar für Humanitarismus und die Freiheit eines Jeden einstünden. Als Hans schließlich 1939 und Sophie drei Jahre später aus dem Ulmer Elternhaus nach München zum Studieren zogen, waren sie klare – wenn auch noch nicht aktive – Gegner des NS-Regimes.

Ein Fronteinsatz verändert alles Nachdem der Freundeskreis stetig erweitert wurde und die ersten vier Flugblätter bereits verteilt waren, kehrte zunächst Ruhe in die Denk- und Schreibstätten der Weißen Rose ein. Der Grund dafür war, dass Alexan-

Betritt man den Lichthof der Universität, erblickt man sofort die Büste von Sophie Scholl. Hinter ihr befindet sich die Gedenkstätte Weiße Rose.

Die Geschwister Scholl verteilten gerade ihre Flugblätter im zweiten Stock der Universität, als sie vom Hausmeister erwischt wurden. Kurze Zeit später wurden sie im Lichthof verhaftet.

der Schmorell, Willi Graf und Hans Scholl Ende 1942 im Rahmen ihres Medizinstudiums an die Ostfront als Sanitäter beordert wurden. Später beschreibt Hans Scholl den Einsatz als Schlüsselerlebnis für ihn und seine Freunde, nun aktiv Widerstand zu leisten und jeden davon überzeugen zu müssen, den sie kannten. Als sie wieder zurück in München waren, gewannen sie den von ihnen bereits viel diskutierten Professor Kurt Huber als Mitglied, der auch zuvor keinen Hehl aus seiner Ablehnung der Nazis machte. Ende Januar wurde das fünfte Flugblatt in der Münchner Innenstadt verteilt. Darauf stand: »Zerreißt den Mantel der Gleichgültigkeit, den Ihr um Euer Herz gelegt!« Mittlerweile ermittelte die Gestapo, hatte jedoch noch keine Anhaltspunkte, wer die Mitglieder der Gruppe sein könnten.

Die Geschwister Scholl verteilen das sechste Flugblatt Die Niederlage der deutschen Truppen in Stalingrad Anfang Februar 1943 provozierte erstmals auch in der Öffentlichkeit eine Debatte über die Sinnhaftigkeit des Krieges. Die Weiße Rose nutzte dies und plante ihr sechstes und letztes Flugblatt, das Kurt Huber verfasste. Um es neben dem Postweg an die Studierenden der LMU zu verteilen, betraten Hans und Sophie Scholl am Vormittag des 18. Februar 1943 die Universität. Noch war niemand dort, die Türen zu den Hörsälen verschlossen. Die Geschwister verteilten einige hundert Exemplare im Lichthof und steuerten dann den Ausgang Amalienstraße an. Kurz bevor sie die Tore erreichten, entschlossen sie sich, weitere Flugblätter in den oberen Stockwerken zu verteilen. Im zweiten Stockwerk angelangt, stieß Sophie Scholl einen Stapel am Geländer hinunter und sah zu, wie sie am Boden des Lichthofes aufkamen. Ein jähes Ende wurde ihnen und der Weißen Rose jedoch durch den Hausmeister Jakob Schmid gesetzt. Er ertappte sie auf frischer

Eine weiße Rose und ein steinernes Relief der Widerstandsgruppe dienen als Mahnmal für die Gräueltaten, die das NS-Regime an den Studierenden und ihrem Professor verübten.

Tat, hielt die beiden fest und alarmierte die Behörden. Nur vier Tage später standen die Geschwister Scholl gemeinsam mit Christoph Probst, dessen Entwurf für ein neues Flugblatt Hans Scholl bei sich hatte, vor dem Volksgerichtshof. Die Anklageschrift wurde innerhalb eines Tages verfasst, das Urteil im Schauprozess schnell gefällt: Tod durch das Fallbeil. Vier Stunden nach der Verhandlung waren Hans und Sophie Scholl sowie Christoph Probst tot. In den folgenden Monaten wurden auch die übrigen Mitglieder gefasst, einige von ihnen zum Tode verurteilt, einige mit jahrelangen Haftstrafen belegt. Alexander Schmorell, Willi Graf und Kurt Huber wurden noch 1943 geköpft. Währenddessen klatschten die Studierenden der LMU dem Hausmeister Beifall.

Die LMU und die Weiße Rose Heute erinnern im Lichthof der Universität eine Bronzestatue von Sophie Scholl sowie ein Relief mit den Namen der Opfer an ihren beispiellosen Widerstand. Knapp dahinter wurde 1997 außerdem eine Dauerausstellung im Gedenken an die Weiße Rose errichtet, die Flugblätter selbst sind in das Kopfsteinpflaster vor dem Haupteingang eingelassen. All das, um die Weiße Rose vor dem Vergessen zu bewahren.

Das besondere Erlebnis

Um die Geschichte von Sophie und Hans Scholl bis zum bitteren Ende nachzuvollziehen, sollte man sich nach Besichtigung des Denkmals noch auf den Weg zur JVA München Stadelheim machen, wo die Hinrichtung stattfand. Das Gefängnis ist somit auch Gedenkstätte und außerhalb der Mauern findet sich ein Mahnmal, das der dort während der NS-Zeit Inhaftierten gedenken soll.

21 Schauriges Gefängnis in bester Lage

Wo einst Hexen gefoltert wurden

Bis in die Frühe Neuzeit schob man unerklärliche Unglücksfälle Unschuldigen in die Schuhe und bestrafte sie für ihre »Hexereien« aufs Schlimmste.

Wo sich heute die Schönen und Reichen Münchens tummeln, wurden früher die ärmsten Mitglieder der Gesellschaft qualvoll gefangen gehalten.

München, Oberbayern **Ort** Maximilianstraße Ecke Falkenturmstraße, 80539 München **GPS** 48.138917, 11.579721 **Anfahrt** Mit der Tramlinie 19/21/39 zum Nationaltheater

»Hexen« als Sündenböcke für Katastrophenfälle Die Zeit des Übergangs vom Mittelalter zur Frühen Neuzeit barg für die Menschen recht große Herausforderungen: Der Schwarze Tod forderte zahlreiche Opfer, die kleine Eiszeit und daraus resultierende Hungersnöte ebenso, und auch der Ausbruch des Dreißigjährigen Krieges trug dazu bei, dass die allgemeine Stimmung immer verunsicherter und verängstigter wurde. Der Glaube der Menschheit war zutiefst erschüttert und die Suche nach einer Erklärung oder einem Schuldigen für diese wurde immer dringlicher vorangetrieben. Diese Ausgangslage war der perfekte Nährboden für den sogenannten Hexenwahn, dem immer mehr Menschen als Sündenböcke dienen mussten. Unbescholtene Bürger wurden so lange gefoltert, bis ihnen nichts anderes mehr übrig blieb als zuzugeben, sich mit dem Teufel eingelassen zu haben. Solche Folterungen fanden in extra dafür vorgesehenen Gefängnissen statt, und genau so ein Gefängnis war der Hexenturm, der sich an der Maximilianstraße gegenüber dem heutigen Nationaltheater befand.

Ein Gefängnis auf der Luxusmeile Dort wo heute die Falkenturmstraße beginnt, im Hinterhof der Maximilianstraße 8, befand sich zwischen 1500 und 1826 ein Gefängnis für Adelige, der Falkenturm. Das Gefängnis war um eine extra Abteilung, den Hexenturm erweitert worden (Rückseite der heutigen Maximilianstraße 6), um dort ebenfalls im Zeitraum von 1590 bis 1721 Beschuldigte der Zauberei verwahren zu können. Mag man den schaurigen Geschichten, die sich um diesen Ort ranken, Glauben schenken, konnte eine der letzten wegen Hexerei Inhaftierten zumindest ein wenig die Gräueltaten an ihren Leidensgenossen rächen.

Die »letzte Hexe« Münchens Im Jahr 1701 wurde die 17-jährige Theresia Kaiser in den Hexenturm gesperrt. Das früh elternlos gewordene Mädchen, das sich als Bettlerin durchschlug, war ein prädestiniertes Opfer der Hexenverfolgung: Wer sollte schon einer jungen Frau aus ärmlichen Verhältnissen ohne irgendeinen familiären Hintergrund glauben? Als sie nicht auf die Annäherungsversuche eines Hofangestellten einging, war dieser in seinem Ego so verletzt, dass er sie als »Teufelsweib« bezeichnete und somit der Hexerei bezichtigte. Unter qualvoller Folter gestand sie schließlich, eine Verbündete des Teufels zu sein und wurde zum Tode verurteilt. Zwei Nächte vor ihrer geplanten Hinrichtung geschah jedoch etwas Seltsames: Ein Wärter beobachtete, wie aus ihrem Zellenfenster eine große Fledermaus flog. Theresia wurde daraufhin in den Morgenstunden besinnungslos und ohne Kleidung in ihrer Zelle aufgefunden. Das Armesündenhemd, das sie getragen hatte, war wohl zusammen mit der Fledermaus in die Nacht verschwunden. Doch es dauerte nicht lange, bis es wieder auftauchte; man fand es nämlich um den Hals ihres Anklägers, der in derselben Nacht damit erdrosselt worden war. Leider konnte dieser Racheakt Theresia nicht vor ihrer Hinrichtung bewahren. Sie wurde am Neuhauser Tor mit dem Schwert enthauptet und auf dem Scheiterhaufen verbrannt. Seither geistert sie in der Nacht um den ehemaligen Standort ihres Gefängnisses herum …

Auch in München wurden im sogenannten Hexenturm Beschuldigte eingekerkert. Ein solches Hexenhemd begab sich dort einmal auf einen Rachefeldzug.

Das besondere Erlebnis

Wer noch mehr spannende Geschichten zum Thema Hexenverfolgung erfahren möchte und sich nicht scheut, über die Stadtgrenzen Münchens hinaus zu reisen, der sollte mal in unserem Buch »Lost & Dark Places Oberbayern« nachlesen: Auf der Burgruine Werdenfels bei Garmisch-Partenkirchen und auch auf dem Galgenberg in Eichstätt haben sich ähnlich grausige Ereignisse zugetragen.

22 Die Drückebergergasse

Stiller Protest auf Umwegen

Die Viscardigasse liegt wohl an einer der schicksten Ecken Münchens und auf den ersten Blick käme niemand auf die Idee, dass eben dieser Ort mit der verhängnisvollen Geschichte des Nationalsozialismus verbunden ist.

München-Altstadt, **Ort** Viscardigasse, 80333 München, **GPS** 48.141345, 11.577199, **Anfahrt** mit den U-Bahnlinien U3, U4, U5, U6 zur Haltestelle Odeonsplatz

Ein dunkler Ort im Herzen Münchens Der Münchner Odeonsplatz ist einer der schönsten Plätze Münchens. Vor allem die imposante Theatinerkirche und die von Löwen beschützte Feldherrnhalle dominieren hier das Stadtbild. Nur ein paar

Schritte entfernt befindet sich jedoch ein Ort, der weit weniger bekannt und mit dem dunkelsten Kapitel der Stadtgeschichte verknüpft ist: die sogenannte Drückebergergasse. Die offizielle Bezeichnung ist Viscardigasse und sie verläuft direkt hinter der Feldherrnhalle. Der Name Drückebergergasse rührt daher, dass in der NS-Zeit all diejenigen, die den obligatorischen »Hitlergruß« an der einen Seite der Feldherrnhalle – denn hier befand sich eine nationalsozialistische Erinnerungsstätte – umgehen wollten, kurz vor dem Odeonsplatz in die kleine Gasse abbogen, um dann auf der anderen Seite der Feldherrnhalle den Odeonsplatz zu betreten. Heute erinnern bronzene Pflastersteine an diesen Drückebergerweg in der Viscardigasse. Was war der historische Hintergrund hinter diesem Verhalten?

München und der Nationalsozialismus München war als »Hauptstadt der Bewegung« eine wichtige Stadt für die nationalsozialistische Diktatur. Bereits in der Anfangszeit der Weimarer Republik, am 9. November 1923, war München der Schauplatz für den »Hitlerputsch«. Hitlers Ziel war es, von München aus einen Staatsstreich zu starten, der in der Folge im gesamten Deutschen Reich stattfinden sollte. Auf dem Odeonsplatz kam es damals zum Zusammenstoß von Polizei und

Eine kleine Gasse mit großer Geschichte: die Viscardigasse im Herzen der bayerischen Landeshauptstadt

Putschisten, bei dem mehrere Putschisten, vier Polizisten und ein Zivilist ums Leben kamen. Aufgrund dieses Ereignisses errichteten die Nazis nach der Machtübernahme ein Denkmal auf der einen Seite der Feldherrnhalle zur Erinnerung an die ums Leben gekommenen Putschisten, vor dem alle den »Hitlergruß« machen mussten, die daran vorbeigingen. Wer das nicht machen wollte, bog vor dem Odeonsplatz in die Viscardigasse ab und umging somit dieses »Ritual«. Das Denkmal besteht seit dem Ende des Zweiten Weltkriegs nicht mehr. Dafür gibt es nun eine Tafel an der Residenz zum Gedenken an die vier Polizisten, die bei dem Putschversuch 1923 ums Leben gekommen sind.

Das besondere Erlebnis

Wir empfehlen einen Cappuccino oder einen Apérol Spritz im zugegebenermaßen überkandidelten Café Tambosi am Odeonsplatz. Von Giuseppe Tambosi, der dieses Café 1810 gepachtet hatte und ab 1849 Hofkellermeister von König Maximilian II. Joseph war, wird behauptet, dass er in Wirklichkeit der Vater von König Ludwig II. und seinem Bruder Otto sei. Historisch belegt ist zumindest, dass Maximilian II. Josef gegenüber Leo von Klenze gesagt hat, er wisse sehr wohl, dass der »Tambosi ein Betrüger und elender Kerl« sei, aber dass man ihn doch »zu allem vortrefflich gebrauchen« könne …

Die »Drückebergergasse« hinter der Feldherrnhalle: Wer zur NS-Zeit in München der Ausübung des »Hitlergrußes« entgehen wollte, nahm diese Abkürzung, um sich vor dem direkten Weg an der Feldherrnhalle vorbeizudrücken.

23 Ein Jagdschloss am Rand von München

Das vergessene Gefängnis König Ottos I.

Heute befindet sich in Schloss Fürstenried eine Einrichtung der katholischen Kirche, jedoch vor mehr als hundert Jahren war hier ein König untergebracht, den man bei Hofe nicht mehr haben wollte.

München, Oberbayern **Ort** Forst-Kasten-Allee 103, Fürstenried-West, 81475 München, **GPS** 48.094344, 11.485716 **Anfahrt** mit dem Auto über A95, Ausfahrt München-Fürstenried, weiter auf Neurieder Straße oder U3 bis Basler Straße oder Fürstenried West

Ein vermeintlich gewöhnliches Schlösschen am Stadtrand von München Verheißungsvoll mag der Name Schloss Fürstenried klingen – ein Schloss, das schon die Fürsten im Namen trägt. Und doch ist dieses Bauwerk im Münchner Süden bei Weitem nicht so bekannt wie andere Schlossanlagen der Bayernmetropole – und das, obwohl hier zeitweilig ein König aus dem Hause Wittelsbach residierte: König Otto I., der über Jahre unter psychischen Problemen litt und einen Teil seines Lebens hier in Fürstenried verbrachte, fernab der Öffentlichkeit in seinen Wahnvorstellungen gefangen. Der Ort wirkt heute ein wenig trostlos – das Schloss liegt direkt an der Autobahn und der Waldfriedhof grenzt fast unmittelbar an das Schlossgelände. Von einem ruhigen und idyllischen Ort kann heute keine Rede mehr sein: Die Autos rasen auf ihrem Weg nach München oder in die Berge vorbei und rund um das Schloss trifft man fast ausschließlich Anwohner.

Ein Schloss in München soll düster sein?

Baugeschichte Schloss Fürstenrieds Schloss Fürstenried wurde ab 1715 von Joseph Effner, einem bedeutenden Baumeister, erbaut und diente zunächst als Jagd- und Lustschloss. Von 1777 bis 1797 wurde Fürstenried außerdem von Kurfürstin Maria Anna Sophia als Witwensitz bewohnt. Das Schloss hatte also vor Otto bereits namhafte Bewohner gehabt. König Otto war ab 1879/80 fest in Fürstenried untergebracht und residierte dort als König bis 1916 – in einem Schloss, das zu dieser Zeit weit vor den Toren Münchens lag. Nach dem Zweiten Weltkrieg war hier zeitweise die Fakultät für Katholische Theologie der Ludwig-Maximilians-Universität München untergebracht. In den 1970er-Jahren wurde das Schloss renoviert und zum Exerzitienhaus der Erzdiözese München-Freising umfunktioniert. Heute befindet sich das Schloss im Münchner Stadtbezirk 19 (Thalkirchen-Obersendling-Forstenried-Fürstenried-Solln) im Stadtteil Fürstenried-West.

Das Leben König Ottos von Bayern Otto wurde 1848 in München geboren und war der jüngere Bruder König Ludwigs II. In jungen Jahren begann er zunächst eine Karriere beim Militär und war am Deutsch-Französischen Krieg 1870/71 beteiligt. Zudem erlebte er die Ausrufung Kaiser Wilhelms I. persönlich mit. Erste Anzeichen für eine psychische Erkrankung lagen bereits im Jugendalter vor, als er bei einem Landaufenthalt im Sommer Verhaltensauffälligkeiten zeigte. Auch von der Bevölkerung blieben die psychischen Probleme des Prinzen nicht unentdeckt. So kam es etwa während eines Gottesdienstes in der Münchner Frauenkirche zu einem Vorfall. Otto stürzte zum Altar und verlangte Vergebung für seine Sünden. Nur mit Mühe konnte er in die Sakristei gedrängt werden. Auch rief er einmal Soldaten vor dem Schloss

Ja, denn hinter diesen Toren fristete der bayerische König Otto I. ein trauriges Dasein.

Nymphenburg zu, sie sollen ihn befreien und nach München bringen. Psychische Krankheiten wurden im 19. Jahrhundert unvorstellbar rabiat behandelt: Otto wurde morgens und abends eiskalt abgeduscht, man badete ihn in Salzsole, setzte ihn elektrischem Strom aus, und er erhielt kräftige Abreibungen. Zudem schluckte er starke Beruhigungsmittel wie Morphium. »Mahnreden« durch Ärzte und Priester komplettierten dieses Programm. Nachdem sein älterer Bruder verstorben war, trat Otto 1886 dessen Nachfolge als König an. Da Otto bereits im Jahr 1878 entmündigt

Auch die malerische Umgebung konnte den kranken König nicht heilen. Von Visionen geplagt lebte Otto hier einsam vor sich hin.

worden war und aufgrund seiner Erkrankung nicht aktiv regieren konnte, fungierte sein Onkel Luitpold als Prinzregent. Nach dessen Tod 1912 übernahm schließlich Luitpolds Sohn Ludwig dieses Amt, der 1913 zu König Ludwig III. wurde, was allerdings auch auf Kritik stieß, da Otto als legitimer und rechtmäßiger König immer noch am Leben war. Bevor Otto für seinen letzten Lebensabschnitt nach Fürstenried kam, hatte er bereits Stationen in den Schlössern von Nymphenburg und Schleißheim hinter sich. Otto verbrachte in Fürstenried mehr als drei Jahrzehnte und verstarb dort im Jahr 1916. Seine letzte Ruhe fand er in St. Michael in München.

Die psychische Erkrankung König Ottos Die psychischen Probleme Ottos äußerten sich vor allem in Halluzinationen und Wahnvorstellungen. Es wird nach heutigem Stand der Wissenschaft vermutet, dass Otto an einer paranoid-halluzinatorischen Psychose litt. So will er beispielsweise Stimmen gehört haben und soll nicht vollständig bekleidet durch Schloss Nymphenburg spaziert sein. Außerdem musste bei seinem ersten Aufenthalt in Fürstenried sein Adjutant Graf Dürckheim-Montmartin ersetzt werden, da Otto sich vor ihm fürchtete, denn laut Otto habe dieser auf einmal einen Teufelskopf und einen Pferdefuß gehabt. Weitere Anekdoten regen wohl eher zum Schmunzeln an. So ist überliefert, dass Otto sich einmal einen Weihnachtsbaum mit Würstchen behangen wünschte, welche zwecks der Haltbarkeit aus Quittenbrot hergestellt wurden. Auch wird berichtet, dass Otto regelmäßig Ansprachen am Fenster in Schloss Fürstenried zu einem nicht vorhandenen Publikum hielt. 1891 verfasste er ein Dekret in hervorragendem Französisch, in dem er Diebe verurteilte.

Ottos einsames Leben in Schloss Fürstenried Das Schloss wurde eigens für den Aufenthalt des Königs umfunktioniert. Otto lebte im Hochparterre des Haupthauses. Die Zimmer wurden mit Teppichen verkleidet, um Geräusche zu dämpfen. Die Türen erhielten Gucklöcher, und Wandbehänge sollten Otto vor Verletzungen schützen. Der Garten, in dem Otto seine Spaziergänge unternahm, wenn es sein Gesundheitszustand ihm erlaubte, wurde zudem umgestaltet; man installierte Marmorstatuen und Springbrunnen. Außerdem unternahm Otto Fahrten mit der Kutsche in die nähere Umgebung. Ansonsten führte der König in Fürstenried ein eher abgeschottetes und einsames Leben weit vor der Stadt. Lediglich seine Cousine Prinzessin Therese besuchte ihn regelmäßig und zog sogar in Erwägung, sich zur Krankenschwester ausbilden zu lassen, um sich um Otto zu kümmern, was ihr aber untersagt wurde. Sie

liebte ihn, aber er erwiderte ihre Gefühle nicht. In ihren Aufzeichnungen tritt uns Otto als sensible Persönlichkeit entgegen, und sie beschreibt eindrucksvoll, wie bedrohlich die Entwicklung seiner Krankheit war. Therese heiratete nie und machte sich stattdessen als Wissenschaftlerin und Forschungsreisende einen Namen. Über den tatsächlichen Gesundheitszustand wusste die Öffentlichkeit kaum Bescheid, lediglich in der Umgebung kursierten Gerüchte.

Das Schloss heute Schloss Fürstenried lädt zu einem Spaziergang am Münchner Stadtrand ein. Heute befindet sich das Schloss im Besitz des Erzbistums München-Freising und wird als Exerzitienhaus genutzt und ist für die Öffentlichkeit nicht zugänglich. Allerdings führen Wege um das Schloss herum und man kann von außen die Vorderfront sowie die historische Achse, die auf die Türme der Frauenkirche zuläuft, sehen. Außerdem lässt sich ein Blick in den Garten des Schlosses werfen.

Das besondere Erlebnis

Im Film »Ludwig II. – Glanz und Ende eines Königs« von Helmut Käutner spielte, man höre und staune, Klaus Kinski den Prinzen Otto. In dieser Rolle erregte Kinski erstmals Aufsehen im deutschen und internationalen Kino. Der Film ist auf jeden Fall immer noch sehenswert, nicht nur wegen Kinskis Schauspieltalent, sondern auch, da der Film größtenteils an Originalschauplätzen gedreht wurde.

24 Der Untergrund

Münchens Kanalisation

Nur wenige Meter unter Münchens Straßen befindet sich ein 2400 Kilometer langes Labyrinth aus Rohren, Schächten, Tunneln und Hallen. Wir verschwenden kaum einen Gedanken daran, was sich unter uns abspielt, aber ein Leben in der Großstadt wäre ohne sie undenkbar: die Kanalisation.

München, Oberbayern **Ort** Überall unter Münchens Straßen; Münchner Stadtentwässerung, Schleißheimer Str. 387 A, 80935 München **GPS** 48.199822, 11.564046 **Anfahrt** Mit der U-Bahnlinie U2 oder U8 zur Haltestelle Am Hart

Max Joseph Pettenkofer. Originalzeichnung von Fritz Kriehuber. (S. 567.)

Der erste Hygieniker Deutschlands: Max von Pettenkofer

München mal von unten betrachten: düsterer geht es wohl kaum!

Unterirdische Gefahren Begonnen hat die Geschichte der Kanalisation in München schon 1811, als ein erster unterirdischer Abwasserkanal durch die Stadt gezogen wurde, dem weitere kleinere Kanäle folgten. Der meiste Unrat landete aber weiterhin auf der Straße, in Gassen und sogenannten Abortgruben – eine Brutstätte für Krankheiten. Zwei schwere Choleraepidemien suchten die Stadt in den 1830ern und 1850ern heim, tausende Menschen starben, darunter auch die Gemahlin von König Ludwig I., Königin Therese. Der Münchner Arzt Max von Pettenkofer (1818–1901) erkannte während dieser zweiten Epidemie, dass der Ursprung der Choleraausbrüche in München mit dem planlosen, mangelhaften und maroden Kanalsystem der Stadt zusammenhing und konnte die Obrigkeit davon überzeugen, hier Schritte einzuleiten.

Den Untergrund auf Vordermann gebracht Max von Pettenkofer erreichte schon bald darauf den Bau des ersten modernen Kanalisationssystems der Stadt, das zwischen 1862 und 1887 nach dem Vorbild der Hamburger Kanalisation konstruiert wurde. Beliebt war der Münchner Arzt deswegen in München zunächst nicht, weswegen er mit Spitznamen wie »Wassergschaftl Huber«, »Wanzendoktor« oder »Scheißhausapostel« bedacht wurde. Die Anerkennung der Öffentlichkeit wurde ihm erst später in seinem Leben zuteil. Bis zur Jahrhundertwende verbesserten sich die Hygienischen Standards der Stadt durch die moderne Kanalisation drastisch – unter anderem wurde in den 1890ern das Spülklosett gesellschaftstauglich, etwas, das schon seit 1810 in London üblich war. Um 1900 gab es bereits 225 Kilometer Kanäle in

Die Münchner Stadtentwässerung ermöglicht es interessierten Münchenfans, die Stadt einmal ein Stockwerk tiefer zu erkunden.

München und 78 Prozent der 480.000 Münchner waren bereits an das Kanalsystem angeschlossen, wodurch sich die hygienischen Verhältnisse deutlich verbesserten. Starben 1879 noch 42 von 1000 Personen aufgrund der schlechten hygienischen Verhältnisse, so waren es 1910 nur noch 16 Menschen. Die Abwässer wurden damals nach Norden geleitet und flossen ungeklärt in die Isar. Und die Isar transportierte den ganzen Schmutz an Freising und Landshut vorbei. Wen wundert es, dass die Bürger dort aufs Äußerste erbost waren. Erst 1926 wurde das Klärwerk Gut Großlappen in Betrieb genommen.

In den »Underground« Auch heute existieren noch viele der Kanalabschnitte aus dem späten 19. Jahrhundert, und die Backsteintunnel mit ihren Bogen und die großen Fluthallen können besichtigt werden. Die Münchner Wasserwerke bieten hierzu

regelmäßig kostenlose Führungen in den Münchner Untergrund an. Heute stellen Ratten kaum mehr eine Gefahr dar, und die Erzählungen und Legenden von Kanalarbeitern, die sich mit ihren Werkzeugen gegen ganze Horden von haarigen Biestern verteidigen mussten, sind Geschichte. Auch der Geruch ist verkraftbar, wenn man den Teilnehmern der Kanalführung glauben darf. Es rieche dort nicht schlimmer, als wenn man den Siphon eines Waschbeckens reinige.

Das besondere Erlebnis

Die Münchner Kanalisation wird auch häufig als Kulisse für Film und Fernsehen genutzt. Unter anderem drehten hier schon Götz George Szenen für den »Tatort« oder der Kabarettist Dieter Hildebrandt für »Notizen aus der Provinz« – Material für einen undergroundigen Filmabend!

Heute nicht nur für Isarschwimmer eine grauenerregende Vorstellung: Bevor es dieses Kanalsystem gab, wurden die Abwässer der Stadt in den nördlichen Teil der Isar eingeleitet.

25 Heute eine Polizeiwache

Damals die Privatwohnung eines Diktators und ein Tatort

Eines der schönsten Viertel Münchens hatte sich Adolf Hitler für sein Privatdomizil ausgesucht. Heute befindet sich hinter der Fassade des Hauses am Prinzregentenplatz eine Polizeiwache.

München, Oberbayern **Ort** Prinzregentenplatz 16, München-Bogenhausen, 81675 München
GPS 48.138743, 11.607375, **Anfahrt** Mit der U4 oder Bus 54/58 zum Prinzregentenplatz

Die Polizeiwache Polizeiinspektion 22 – das klingt zunächst harmlos. Kommt man an die Adresse, so erblickt man dort einen schönen Altbau am Prinzregentenplatz, mitten im schicken Bogenhausen. Doch beherbergte der Bau einst die Wohnung Adolf Hitlers und weiterer Nazigrößen. Hitler war 16 Jahre lang, von 1929 bis 1945, in einer Wohnung in der zweiten Etage gemeldet.

Adolf Hitler in München Bevor Adolf Hitler 1929 in das Haus am Prinzregentenplatz 16 zog, hatte er bereits einige Jahre in München verbracht. Er war 1913 von Wien nach München gezogen und lebte zunächst in der Schleißheimerstraße 34. Danach diente er im Ersten Weltkrieg in der bayerischen Armee und war nach dem Krieg maßgeblich am Aufstieg der NSDAP beteiligt. Im Jahr 1923 hatte er bereits versucht, von München aus einen Staatsstreich anzuzetteln, den sogenannten Hitler-Putsch. Von 1920 bis 1929 ist zudem eine Adresse Hitlers in der Thierschstraße 41

Heute befindet sich hier am Prinzregentenplatz in Bogenhausen eine Polizeiwache ...

... früher residierte hier Adolf Hitler, wenn er München besuchte.

überliefert. Bis 1939 hielt er sich regelmäßig in München auf. Nach dem Krieg war in seinem ehemaligen Wohnhaus zunächst die Zentrale Bußgeldstelle untergebracht.

Eine Leiche in Hitlers Wohnung Auch war die Wohnung am Prinzregentenplatz Schauplatz eines schrecklichen Vorfalls. So wurde dort am 19. September 1931 die Leiche von Hitlers Nichte Geli Raubal gefunden. Diese lebte zusammen mit Hitler in der Wohnung und es wird den beiden auch eine amouröse Liaison nachgesagt. Offenbar hatte sich Geli am Tag zuvor, dem 18. September, das Leben genommen – mit der Pistole ihres Onkels. Über das Motiv wird spekuliert und es gibt viele Gerüchte, auch über die Beziehung der beiden zueinander. Hitler gab Büsten von Geli posthum in Auftrag und ihr Zimmer wurde zu einem Ort, zu dem nur er Zugang hatte.

Hitlers Wohnung heute Seinerzeit hatte Hitlers Wohnung am Prinzregentenplatz neun Zimmer. Das Eichenparkett ist immer noch erhalten. Heute dienen Hitlers Gemächer den Polizisten als Arbeits- und Diensträume. Aus dem Schlafzimmer ist zum Beispiel ein Umkleideraum geworden und in einem Wohnraum wurde ein Schulungsraum eingerichtet.

Das besondere Erlebnis

Wem das noch nicht düster genug ist, der kann von hier in wenigen Minuten die Villa Stuck erreichen. Im ehemaligen Wohnhaus des Malers Franz von Stuck (1863–1928) ist nicht nur Kunst vom 19. bis zum 21. Jahrhundert zu bewundern, sondern auch eines der berühmtesten Werke des Malers: »Die Sünde«. Erotik mit Schlange, ein unübertroffenes Werk, der Mittelpunkt der Villa Stuck.

26 Absolut geheim und beinahe unbekannt

Die Wachsbüste des Massenmörders Fritz Haarmann im Münchner Stadtmuseum

Empfohlen wird hier ein Ort, beziehungsweise ein Ausstellungsstück, das die wenigsten Münchner kennen: die Wachsbüste des Mörders Friedrich Haarmann in der Abteilung Puppentheater und Schaustellerei im Stadtmuseum München.

Hier im Stadtmuseum kann man in das Antlitz eines echten Serienmörders blicken.

München, Oberbayern **Ort** Sankt-Jakobs-Platz 1, 80331 München **GPS** 48.134919, 11.573452, **Anfahrt** Mit den Buslinien 52 und 62 zum Marienplatz (Rindermarkt)

Rechte Seite: Fritz Haarmann wird zum Prozess geführt, um hoffentlich die gerechte Strafe für seine furchtbaren Taten zu erhalten.

Wurfbudenköpfe, Karussellorgeln und Schaustellermalerei Im dritten Stock des überhaupt sehenswerten Stadtmuseums in München wird auf circa 2000 Quadratmetern die Geschichte des Puppentheaters und der Schauspielerei erzählt. Seit 1940 wird hier zu diesen ungewöhnlichen Themen gesammelt, und auch zur Geschichte des Münchner Oktoberfest findet man hier Interessantes. Zwischen Wurfbudenköpfen, Karussellorgeln und Schaustellermalerei und neben der »Liegenden Ve-

Da kann Madame Tussaud nicht mithalten: Grusel aus Wachs im Münchner Stadtmuseum

nus«, die als anatomisches Modell gedacht war, zwischen Karussellpferd und den Kasperlfiguren des Grafen von Pocci findet sich die erschreckende Büste des Mörders Haarmann.

Madame Tussaud als Trendsetterin Wachsfiguren waren im 19. Jahrhundert beliebte Ausstellungsgegenstände. Man denke nur an Madame Tussaud, die während der Revolution die Köpfe von hingerichteten Menschen in Wachs nachbildete, die in »Revolutionsmuseen« gezeigt wurden. Sie selbst zog mit ihrer Wanderausstellung auch durch Großbritannien und eröffnete schließlich in London ein eigenes Museum für ihre Ausstellung. Seither waren die Wachsfiguren sehr beliebt, sei es in ständigen Ausstellungen, beispielsweise in Panoptiken, oder in Wanderausstellungen wie auf dem Oktoberfest. Es gab noch keinen Film, die dreidimensionalen Figuren waren überaus gut geeignet, um allerlei Geschichten zu erzählen, vor allem gruselige, aber gern auch erotische: Hier konnte man (unter Ausschluss der Kinder) in Form von »anatomischen Modellen« etwa nackte Frauen bewundern.

Hier ruhen die Opfer des Serientäters.

Oben: In dieser Kammer löschte er die Leben seiner zahlreichen Opfer aus.

24 Morde Die Wachsbüste des Serienmörders Fritz Haarmann, die hier zu sehen ist, stammt aus einem Panoptikum und ungefähr aus dem Jahr 1930. Friedrich »Fritz« Heinrich Karl Haarmann (1879–1925) hat 24 Jungen und junge Männer im Alter von 10 bis 22 Jahren getötet, weswegen er am 19. Dezember 1924 zum Tode verurteilt wurde. Man nannte ihn auch »Vampir«, »Schlächter«, »Kannibale« oder »Werwolf von Hannover«. Haarmann erlangte unglaubliche Popularität, seine Geschichte wurde nicht nur in der damaligen Presse, sondern auch in Büchern, Stadtführern, Theaterstücken, Filmen, in Kunstwerken und sogar auf Adventskalendern verarbeitet – und eben auch, indem sie mit einer Wachsbüste erzählt wurde. Die berühmteste Auseinandersetzung mit Fritz Haarmann ist das Lied »Warte, warte nur ein Weilchen«, das auf die sehr beliebte Melodie eines Operettenschlagers gesungen wurde:

Links: So sah er aus: der Frauenmörder Fritz Haarmann.

Rechts: Unter anderem mit einem solchen Messer verübte er seine Gräueltaten.

Warte, warte nur ein Weilchen,
bald kommt Haarmann auch zu dir,
mit dem kleinen Hackebeilchen,
macht er Hackefleisch aus dir.
Aus den Augen macht er Sülze,
aus dem Hintern macht er Speck,
aus den Därmen macht er Würste
und den Rest, den schmeißt er weg.
In Hannover an der Leine,
Rote Reihe Nummer 8,
wohnt der Massenmörder Haarmann,
der schon manchen umgebracht.
Haarmann hat auch ein' Gehilfen,
Grans hieß dieser junge Mann.
Dieser lockte mit Behagen
alle kleinen Jungen an.

27 Mitten in Laim

Eine verwunschene Villa, heruntergekommen und verfallen

Unter einer alten Münchner Villa stellt man sich eigentlich etwas Schickeres vor.

Einst war die Villa in der Neuburger Straße ein architektonisches Schmuckstück, heute ist sie unter dem Mantel der Zeit versteckt.

München, Oberbayern **Ort** Neuburgerstraße, München-Laim, 80687 München **GPS** 48.141181, 11.497914, **Anfahrt** Tram Linie 19 bis Haltestelle Agnes-Bernauer-Platz

Das »Gemäuer« der Neuburgerstraße in Laim In einer ruhigen Wohngegend in Laim steht sie: eine Villa, heruntergekommen, die Fenster und Türen stehen offen, alles sieht ein bisschen verwildert aus. Die Natur beginnt bereits, sich das Gelände zurückzuholen und die Vergänglichkeit der Welt wird dem Betrachter mit einem Mal bewusst. Der Kontrast zwischen der gespenstischen Ruhe und der viel befahrenen Agnes-Bernauer-Straße ein paar Schritte weiter könnte nicht größer sein. Das Gelände ist mit einem Bauzaun umgeben und vor dem Gebäude befindet sich ein blauer Container, so als ob ein Bauvorhaben schon in Angriff genommen worden sei. Die Villa ist der Prototyp eines Lost Place. Sie ist nicht besonders bekannt und in einer kleinen Nebenstraße versteckt – und sie ist ein verlassener Ort, in Vergessenheit geraten. Gestrüpp wuchert, und die Fenster sind eingeschlagen, einfach nur verwunschen.

Ein Haus mit Geschichte Das »Dornröschenschloss«, wie die Villa bereits in der Presse betitelt wurde, wurde von dem Klavierbauer Valentin Berdux in den Jahren 1903/04 errichtet. Die Baupläne wurden von Georg Schwingenschlögel erstellt. Die Villa wurde allerdings in den 1920er-Jahren an die Familie des jetzigen Besitzers ver-

äußert. In den letzten Jahren ist sie immer mehr verfallen und stand auch schon im Bezirksausschuss auf der Agenda. Eine große Sorge der Anwohner war, dass die eigentlich doch schöne Villa abgerissen werden könnte, da sie nicht unter Denkmalschutz steht. Verantwortlich hierfür sind zu viele Umbauarbeiten in der Vergangenheit. Baugenehmigungen für einen Umbau liegen vor, jedoch wurde bis dato nicht damit begonnen.

Einst ein Eingang zu einem beeindruckenden Wohnhaus, heutzutage verlassen und verfallen

Unklare Zukunft Das Grundstück ist für die Öffentlichkeit nicht zugänglich und befindet sich in Privatbesitz! Umfangreiche Sanierungsmaßnahmen sind geplant, weshalb fraglich ist, wie lange die Villa noch im jetzigen Zustand sein wird. Der momentane Besitzer möchte das Haus erhalten und hat bereits Pläne dafür ausgearbeitet.

Eine Seltenheit in München: Leerstand und somit ein Lost Place par excellence

Das besondere Erlebnis

Alte verfallene Villen versprühen trotz ihres ramponierten Äußeren noch eine ordentliche Portion Charme. So tut es nicht nur dieses Gruselgebäude in Laim, sondern auch die alte Villa des Malers Gabriel von Max (1840–1915) am Starnberger See – allemal einen Ausflug wert!

28 Auf dem Münchner Waldfriedhof

Ein Ort tragischer Schicksale

Auf dem Waldfriedhof in Großhadern lässt sich nicht nur in düstere Geschichten eintauchen, sondern auch die Schönheit der Natur erleben.

München, Oberbayern **Ort** Fürstenrieder Str. 288, 81377 München **GPS** 48.109092, 11.500426 **Anfahrt** Mit der U6 zur Haltestelle Holzapfelkreuth oder mit der U5 zum Laimer Platz und dann jeweils weiter mit der Buslinie 51 bzw. 151

Eine letzte Ruhestätte in der Natur Unsere Reise zu den versteckten, düsteren und verlassen Orten der bayerischen Landeshauptstadt hat uns bereits auf mehrere Friedhöfe geführt, doch das Erlebnis ist immer wieder ein anderes, da jeder dieser Orte der letzten Ruhe seine ganz eigene Geschichte erzählt – so auch der Münchner Waldfriedhof in Großhadern. Im Gegensatz zu »herkömmlichen« Friedhöfen, zeichnet sich ein Waldfriedhof dadurch aus, dass er sich in seiner Gestaltung nicht an strenge geometrische Formen hält und eine besonders friedvolle Ruhestätte, umgeben von schönster Natur darstellt. Dieser Waldfriedhof wurde zu Beginn des 20. Jahrhunderts angelegt und ist der erste seiner Art in München. Im Hochwaldforst von Schloss Fürstenried wurde der »alte Teil« 1907 mit 35.000 Gräbern fertiggestellt. In den 1960er-Jahren wurde der Friedhof um einen »neuen Teil« mit 24.000 weiteren Grabstätten erweitert und ist so nicht nur der älteste, sondern auch mit seiner Gesamtfläche von 170 Hektar der größte Waldfriedhof Münchens. Hier ist also reichlich Platz für spannende, gruselige oder gar abscheuliche Geschichten; zwei davon sollen hier erzählt werden!

Furchtbare Forschungszwecke Die erste äußerst dunkle Vergangenheit holt uns am Mahnmal für die Opfer der nationalsozialistischen Euthanasieverbrechen ein. Dieses wurde (erst) 1990 von der Max-Planck-Gesellschaft entwickelt und erinnert an die zahlreichen Opfer der Krankenmorde in der Zeit des Nationalsozialismus. Unter anderem eugenische Theorien führten dazu, dass im Zuge der nationalsozialistischen »Rassenhygiene« Menschen mit körperlicher, seelischer oder geistiger Behinderung in eigens dafür errichteten Tötungsanstalten systematisch ermordet wurden. Auch kriegswirtschaftliche Motive oder die medizinische Forschung sollten diese Gräueltaten rechtfertigen. Die Gehirne der Opfer wurden zu Untersuchungszwecken entweder ins Kaiser-Wilhelm-Institut für Hirnforschung nach Berlin oder ins gleichnamige Institut für Psychiatrie nach München gebracht. 1990 wurden die noch erhaltenen Präparate auf dem Münchener Waldfriedhof beigesetzt und an dieser Stelle das Mahnmal errichtet, auf dem folgende Inschrift steht: »Zur Erinnerung an die Opfer des Nationalsozialismus und ihren Missbrauch durch die Medizin/Allen Forschern als Mahnung zu verantwortlicher Selbstbegrenzung«.

Rechte Seite: Tragische Schicksale auf dem Münchner Waldfriedhof: Hier fand das traurige Leben der Schriftstellerin Lena Christ ein Ende, aber sie somit endlich ihre letzte Ruhe.

Lena Christ

Ein mächtiger Eingang führt auf den größten Waldfriedhof Münchens.

288

Auch wenn dies wirklich eine erschütternde Thematik ist und man sich vielleicht nicht gern damit auseinandersetzt, führt kein Weg daran vorbei, sich mit dieser Vergangenheit zu konfrontieren, denn nach wie vor gilt: kein Vergeben, kein Vergessen!

»Man hetzt mich zum Tod« Ein tragisches Schicksal erlebte die Schriftstellerin Lena Christ, die auf dem Münchner Waldfriedhof ihre letzte Ruhe fand. 1881 als uneheliches Kind geboren, wuchs sie zunächst relativ behütet bei ihren Großeltern auf, und hatte zu ihrer leiblichen »Münchner Mutter« wenig Kontakt. Als diese jedoch erneut heiratete, riss sie Lena aus ihrem gewohnten Umfeld und holte sie zu sich und ihrem neuen Mann, wo das kleine Mädchen schwer schuften musste und den Launen und Misshandlungen ihrer Mutter ausgesetzt war. Eine furchtbare Kindheit und frühe Jugend folgten, die dann bereits 1894 nach dem Tod ihres geliebten Großvaters in einen ersten Suizidversuch mündeten. Sechs Jahre später folgte der zweite. 1901 heiratete Lena, doch was wie eine Wendung zum Guten aussehen mochte, war der Schritt vom Regen in die Traufe: Der Ehemann war schwerer Alkoholiker und führte, was die Misshandlungen an Lena anging, die Taten der Mutter fort. Trotzdem bekam das Paar drei gemeinsame Kinder, die der jungen Frau nach der Trennung jedoch entzogen wurden. Ein weiterer Hoffnungsschimmer erschien am Horizont, als Lena Christ den Schriftsteller Peter Benedix kennenlernte und schließlich 1912 heiratete. Er ermutigte sie dazu, ihre Erinnerungen auf Papier zu bringen und so entstand ihr Debüt »Erinnerungen einer Überflüssigen«. Weitere Romane folgten und wurden von der Kritik gelobt – man hätte meinen können, ihr verdientes Glück wäre nun endlich eingetreten. Doch kurz vor Kriegsende verliebte sie sich erneut, verließ ihren Mann und zog zurück nach München. Aus der flüchtigen Affäre mit ihrem geliebten Ludwig wurde jedoch nicht mehr und Lena rutschte in die Armut ab. Sie versuchte, sich mit Bilderfälscherei über Wasser zu halten, was natürlich nicht lange gut ging. Mit einer Gefängnisstrafe konfrontiert, sah sie keinen anderen Ausweg, als ihrem Leben ein Ende zu setzen. Am 30. Juni 1920 machte sie sich auf den Weg zum Waldfriedhof, genauer gesagt zum Grab von Ludwigs Vater (Grab 44-3-1), schluckte eine Zyankalikapsel und legte sich für immer nieder – nicht weit davon fand sie ihre letzte Ruhe (Grab 44-3-14). In ihren Abschiedsbriefen machte sie deutlich, dass sie zum Tod gehetzt worden sei.

Bekannt aus dem Fernsehen: Hier ruht Werner Heisenberg.

Das besondere Erlebnis

Der Waldfriedhof ist auch der geeignete Ort, um sich für einen düsteren Serien-Marathon in Stimmung zu bringen. Hier befindet sich nämlich das Grab des Physikers Werner Heisenberg, der Namenspatron des Protagonisten der US-amerikanischen Serie »Breaking Bad«, in der ein krebskranker Chemielehrer unter dem Decknamen »Heisenberg« in die Abgründe des Drogengeschäfts eintaucht.

Rechte Seite: Ein Mahnmal, das an die Opfer der furchtbaren »Euthanasie«-Verbrechen der Zeit des Nationalsozialismus erinnert.

ZUR ERINNERUNG
AN OPFER DES NATIO-
NALSOZIALISMUS UND
IHREN MISSBRAUCH
DURCH DIE MEDIZIN
ALLEN FORSCHERN
ALS MAHNUNG ZU
VERANTWORTLICHER
SELBSTBEGRENZUNG
ERRICHTET VON DER
MAX-PLANCK-GESELLSCHAFT
1990

29 Sie sind noch da!

Die »Wunden« des Zweiten Weltkriegs in München

Dieses Kunstprojekt führt uns an bekannte Orte der bayerischen Landeshauptstadt und lässt uns zugleich Unbekanntes entdecken.

München, Oberbayern **Ort** Maxvorstadt, Altstadt-Lehel, 80333, 80539, 80538 München **GPS** 48.144107, 11.585932; 48.149147, 11.580211; 48.148313, 11.569974 **Anfahrt** Am besten erreichbar mit dem ÖPNV, Haltestellen Nationalmuseum/Haus der Kunst (Tram 16), Universität (U3/U6), Pinakotheken (Tram 27/28)

Beinahe idyllisch, wären da nicht die Wunden des Zweiten Weltkriegs: der Blick vom Haus der Kunst in den Englischen Garten.

Eine schlichte Glasplatte bewahrt die Zerstörungswut des Zweiten Weltkriegs vor dem Vergessen.

Spuren des Krieges Der Zweite Weltkrieg ist eine der vielen Katastrophen des 20. Jahrhunderts, die zahllose Menschen das Leben kosteten. München war nach dem Krieg beinahe dem Erdboden gleichgemacht, überall standen Ruinen. Heute erinnert im Stadtbild auf den ersten Blick fast nichts mehr daran, vieles wurde wieder aufgebaut. An drei Stellen in München lassen unauffällige Glasscheiben jedoch etwas anderes erkennen. Sie wurden von den Künstlern Beate Passow und Andreas von Weizsäcker angebracht und bedecken Einschusslöcher aus dem Zweiten Weltkrieg. Die Intention war, die »Wunden« des Zweiten Weltkriegs in den Fokus zu rücken und gleichzeitig vor dem Vergessen zu bewahren. Hier sind noch die Ergebnisse von Granaten und anderen Waffen zu sehen, hier trifft uns die Geschichte mit einem Schlag.

Das Projekt Das Kunstprojekt wurde über zwei Jahre, von 1993 bis 1995 durchgeführt. Dabei findet man die Glasscheiben nicht nur in München, sondern auch in vielen anderen europäischen Städten, denn auch dort hinterließ der Krieg seine Spuren. So lassen sich weitere Teile des Projekts in Warschau, Prag, Antwerpen oder Wien finden. In ganz Europa ist das Grauen dieses Krieges sichtbar. Nicht nur an bekannten Orten, sondern in Luxemburg sogar in einem Wald. Bäume zeugen hier, abgeschieden von der Zivilisation, von den Schrecken des Krieges.

Drei Orte in München In München wurden diese Überbleibsel des Krieges an drei Orten sichtbar gemacht, um das Vergessen zu verhindern. Es sind klaffende Wunden mitten in der Stadt. So findet man zum einen an einer Säule des Hauses der

Kaum sichtbar und doch präsent: Die Platten zur Erinnerung fügen sich in den Alltag der Münchner ein, wie hier an den Pinakotheken.

Kunst ein Einschussloch. Dieses Museum wurde unter Hitler errichtet und spielte eine wichtige Rolle in der nationalsozialistischen Kunstpolitik. Der zweite Ort befindet sich gleich an der Alten Pinakothek. Es ist eine Bronzestatue, die ursprünglich an der TU München stand, die den Krieg aber nicht überstand. Ein weiterer Ort ist die Mauer des roten Backsteingebäudes in der Schellingstraße, das heute unter anderem die Universitätsbibliothek beherbergt. Hier drängen sich jeden Tag viele Studierende vorbei und so wirkt der Ort sehr unscheinbar. Kaum vorstellbar, dass hier einst Kampfhandlungen stattfanden!

Das besondere Erlebnis

Alle drei Orte lassen sich durch einen längeren Spaziergang miteinander verbinden. Es ist ein Spaziergang, der zum Gedenken anregt. Vom Haus der Kunst, das während des Nationalsozialismus die Ausstellung »Entartete Kunst« beherbergte, über die Universität – verbunden mit der Weißen Rose auch ein Ort des Widerstands gegen Hitler – zur Alten Pinakothek. Auf diesem Spaziergang lernt man eher unauffällige Münchner Sehenswürdigkeiten kennen. Und ein Hauch der bitteren Zeit des Zweiten Weltkriegs lässt sich erspüren.

Hunderte Studierende drängen sich jeden Tag an dem Backsteingebäude in der Schellingstraße vorbei. Die Kunstinstallation soll auch sie daran erinnern, welche Wunden der Zweite Weltkrieg hinterlassen hat.

30 Vom Fliegerhorst zum Landschaftspark

Der Landschaftspark Hachinger Tal bei Unterhaching

Parks sind eigentlich keine sonderlich obskuren Orte. Im Südosten Münchens befindet sich jedoch ein besonderer Landschaftspark mit einer interessanten Geschichte, die ihn bis heute prägt.

Unterhaching, Oberbayern **Ort** An der Hachinger Haid, 82008 Unterhaching **GPS** 48.071408, 11.638500 **Anfahrt** Mit der S7 nach Neubiberg und dann weiter mit den Buslinien 211, 212, 229 zum Werner-Heisenberg-Weg

Airfield R.85 Die Rede ist vom Landschaftspark Hachinger Tal bei Unterhaching, ein ca. 126 Hektar großer Park mit Wanderwegen, großen weiten Wiesen, Schutzgebieten für Bodenbrüter und einer Landebahn. Beim Landschaftspark Hachinger Tal handelt es sich nicht um einen normalen Park, denn ein Großteil seines heutigen Geländes liegt auf dem ehemaligen Areal eines Fliegerhorstes. So verbinden sich hier Natur und alte Militärstrukturen. Die Geschichte dieses Ortes geht zurück bis ins Jahr 1933, als dort das Nazi-Regime im Zuge seines Wiederaufrüstungsprogramms den als Sportflugplatz getarnten Flugplatz München Süd eröffnete. Von 1935 bis 1945 war der Flugplatz wichtiges Ausbildungs- und Militärzentrum der Luftwaffe – mehrere Kampf- und Transportgeschwader bezogen hier im Lauf der Zeit ihren Stützpunkt. Nach der deutschen Kapitulation übernahm die United States Airforce das Gelände und nutzte den Flugplatz unter den Namen Airfield R.85 oder Neubiberg Air-Base, bis der Stützpunkt 1958 an die neugegründete Bundeswehr übergeben wurde, die Neubiberg bis 1977 als Offiziersschule der Luftwaffe nutzte. In den Zeitraum zwischen 1945 und 1958 fallen zwei tragische Unfälle, bei denen zwei Transportflugzeuge der US-Armee abstürzten. Bei dem ersten Unglück im Februar 1947 kam ein Mensch ums Leben, beim zweiten 1950 überlebte die gesamte Besatzung.

Heute erinnert ein langer Asphaltstreifen mitten im Park Hachinger Tal an das rege Fluggeschehen der vergangenen Jahrzehnte. Mehr ist vom ehemaligen Fliegerhorst nicht mehr übrig.

Mit Vollgas auf der Startbahn Mit der Zeit zog sich die Bundeswehr immer weiter vom Fliegerhorst zurück und das Gelände wurde zunehmend auch von zivilen Akteuren genutzt. Zwischen 1962 und 1974 wurden Rennen der Formel 2 und Formel 3 auf der Startbahn gefahren. Unter anderem feierte hier auch die deutsche Skifahrerin Rosi Mittermaier 1970 einen Sieg in einem Promirennen in der Formel V. Während der Olympischen Sommerspiele 1972 in München wurde der Fliegerhorst auch als Entlastungsflughafen für den überstrapazierten Zivilflughafen München-Riem genutzt. Nachdem 1991 die letzte Fliegerhorststaffel der Bundeswehr Neubiberg verließ, wurde das Flugfeld vor allem von der bayerischen Polizei und dem Münchner Fliegerclub genutzt, bis die Gemeinde Unterhaching das Gelände 1997 fast vollständig kaufte – ein kleines Areal im Norden wird bis heute von der Bundeswehruniversität genutzt.

Verwandlung in einen Landschaftspark Ab 2001 begann die schrittweise Umwandlung des ehemaligen Militärstützpunktes in einen Landschaftspark. Dabei orientierte man sich am Plan des Berliner Landschaftsarchitekturbüros Atelier. Grünanlagen, Teiche und Schutzgebiete wurden eingerichtet, wodurch der Landschaftspark auch zu einem Rückzugsort für viele bedrohte Vogel- und Amphibienarten wurde. Ebenso wurden viele der alten Bunkeranlagen zugeschüttet oder versiegelt, da sie eine Gefahrenquelle darstellten. Die alten Strukturen kann man heute noch an vielen Stellen im Park sehen. Am dominantesten ist die knapp 2 Kilometer lange Startbahn, unter der auch die A8 verläuft. Heute befinden sich auf der östlichen Hälfte der Startbahn ein Skatepark, Basketballkörbe und Volleyballfelder, aber auch der unveränderte westliche Teil der Bahn wird gern von Fahrradfahrern, Inlineskatern und Kitesurfern genutzt. Weiter südlich gibt es noch viele alte Betonhangars, die mit Gras überwachsen sind (übrigens nicht von Natur aus, der Grasbewuchs galt der Tarnung). Diese alten Anlagen sind bei besonderen Anlässen für die Öffentlichkeit zugänglich. Auch stehen noch vereinzelt die Grundmauern von alten Gebäuden auf dem Gelände, viel mehr als das Fundament ist allerdings nicht mehr übrig. Im Norden gibt es eine Hundemeile und im Westen einen Bach mit Wasserspielplatz.

Das besondere Erlebnis

Zwar wurden von der Gemeinde alle bekannten Bunker zugeschüttet, aber immer wieder finden Passanten Zugänge zu noch unentdeckten Teilen von alten Bunkeranlagen aus dem Zweiten Weltkrieg. Zuletzt fand eine Gruppe Kinder im Jahr 2017 ein solches Überbleibsel. Wer suchet, der findet vielleicht …

31 Die Welt steht still

Die Ziegelfabrik August Haid in Oberföhring

Im Gebiet zwischen Effner-, Cosima-, Johanneskirchner Straße und An der Salzbrücke (bis 1913: Riemer Straße) liegt das Gebiet der ehemaligen Ziegelei von August Haid – eine der 17 Ziegeleien, die es um 1900 allein im Stadtteil Oberföhring gab.

München, Oberbayern **Ort** An der Salzbrücke 39, 81925 München **GPS** 48.167540, 11.628505 **Anfahrt** Mit den Tramlinien 16, 27, 36 und 37 zur Taimerhofstraße

Rechte Seite: Unheimlich und verlassen mitten in Oberföhring: August Haid

Eine stillgelegte Ziegelei führt uns auf eine Zeitreise.

Ziegel und München gehören zusammen Wie kein anderes Baumaterial prägen Ziegel das Gesicht Münchens, auch wenn sie sich oft hinter Putz und Farbe verbergen. Und die Herstellung von Ziegeln schuf über Jahrhunderte hinweg Arbeitsplätze in der Stadt, vor allem im Osten Münchens, wo es im Lauf der Zeit mehr als 100 Ziegeleien gab. Zwischen 1300 und 1800 wurde das Baumaterial streng reglementiert von kirchlichen und weltlichen Herren hergestellt. Erst im 19. Jahrhundert lockerte man die Gesetze, da die Stadt wuchs und sehr viele Ziegel gebraucht wurden. Im Jahr 1846 wohnten nur 85.000 Menschen in München, im Jahr 1900 waren es bereits 500.000. Es musste also gebaut werden. Begleitet von zahlreichen Wellen der Bodenspekulation, verwandelte sich Ackerland zu Lehmgruben, Kiesgruben und Bauerwartungsland und zwischen 1820 und 1900 wurde in Ramersdorf, Berg am Laim und Zamdorf die 4 Meter starke Lehmschicht »abgeziegelt« – so nannte man das Abtragen der Lehmschicht. War ein Bereich abgegraben, zog man weiter, und die Ziegeleien wanderten mit. Zwar wurden zum Formen der Ziegel bereits im 19. Jahrhundert Maschinen entwickelt, aber vorerst waren Saisonarbeiter noch günstiger. Im Raum München arbeiteten Italiener aus dem Friaul, die jedes Jahr von Mai bis September in die Stadt kamen. Gearbeitet wurde von 3 Uhr früh bis 8 Uhr abends, mit jeweils einer halben Stunde Pause um 8 Uhr morgens und 12 Uhr mittags. Zu essen gab es Polenta und etwas Käse. Nachts schliefen die Arbeiter auf Holzlagern. Zwar versuchte man, den teilweise sehr schlimmen Zuständen durch Fabrikinspektoren Einhalt zu gebieten, aber das gelang nur selten.

Eine Ziegelei als Ort der Stille Die einzige auf dem Gebiet der Landeshauptstadt München erhaltene Ziegelei ist die von August Haid. Sie steht unter Denkmalschutz. Hier wurden von 1901 bis 1965 Mauersteine gefertigt. Man darf das Areal zwar nicht betreten, aber auch von jenseits des Zaunes erhält man einen guten Einblick, wie eine Ziegelei aussah, vor allem, wie groß sie war. Man sieht das alte Trafohaus, das für die Stromversorgung sorgte, und man kann sogar das Wohnhaus erahnen, das 1905 als Wohnhaus für die Italiener errichtet worden war. Nur der Schornstein fehlt. Haid errichtete hier 1901 einen Ziegelei-Neubau und vier Jahre später ein »Italiener-Wohnheim« für die Saisonarbeiter. 1923 bestand die Ziegelei aus einem Brennofen mit Kamin, Ziegeltrockenareal, Stadel mit angebautem Schutzdach, Umspannungshäuschen, Trocken- und Lagerplätzen, einem Wohnhaus mit Holzlege, Abort und Hofraum. 1965 wurde die Ziegelei stillgelegt und verfällt seitdem.

Das besondere Erlebnis

Wer noch mehr über die Geschichte der Ziegeleien in München erfahren möchte, sollte sich den ThemenGeschichtsPfad »Ziegeleien im Münchner Osten«, herausgegeben von der Stadt München, ansehen (Kostenloser Download: https://www.muenchen.de/rathaus/Stadtverwaltung/Kulturreferat/Stadtgeschichte/ThemenGeschichtsPfade.html).

Kaum vorstellbar: Hier florierte einst das Geschäft mit einem wichtigen Baumaterial, den Ziegeln.

Heute stehen die Gebäude auf dem Gelände unter Denkmalschutz und dürfen nicht betreten werden. Allerdings versprühen sie auch von außen betrachtet eine gewaltige Atmosphäre.

32 Die Schwarze Frau der Münchner Residenz

Ein Geist als Todesbotschafterin

Seit einigen hundert Jahren soll es einen gänzlich in Schwarz gekleideten weiblichen Geist in der Residenz geben, der den Tod eines Wittelsbachers ankündige.

München, Oberbayern **Ort** Residenzstraße 1, Altstadt-Lehel, 80333 München **GPS** 48.141944, 11.579419
Anfahrt Mit U3–U6 bis Odeonsplatz, dann über den Hofgarten in die Residenz

Irgendwo in den Gemäuern der Residenz soll sie hausen, die Schwarze Frau. Sie erscheine der Legende nach nur, um den Tod eines Wittelsbachers anzukündigen.

Die unbekannte Dame beim Maskenball Faschingsdienstag im Jahr 1864: Anlässlich des hundertjährigen Bestehens des dazugehörigen Theaters frönt die Adelsgesellschaft in der Münchner Residenz dem Vergnügen. Alles, was Rang und Namen hat, erscheint. Während die Gäste trinkend und tanzend den Abend verbringen, wollen einige wenige am Rande der Gesellschaft eine ihnen unbekannte Frau gesehen haben. Ihr langes, schwarzes Kleid sei über den Boden geschleift, ein Trauerschleier habe ihr Gesicht verdeckt. Man hätte meinen können, sie sei förmlich durch den Türrahmen geschwebt, wie die noblen Herren und Damen später berichteten. Im nächs-

Die Residenz mitten in der Münchner Innenstadt war lange Zeit der Hauptsitz der Wittelsbacher. Mit ihnen soll auch ihr Hausgeist eingezogen sein.

ten Augenblick sei die Frau schon wieder verschwunden gewesen, so schnell, wie sie gekommen sei. Kurze Zeit darauf starb König Max II. Joseph. Ein Zufall? Eher nicht, wie der Mythos um die »Schwarze Frau« der Münchner Residenz besagt.

Taucht die Schwarze Frau auf, stirbt ein Wittelsbacher Seit Anfang des 18. Jahrhunderts bezeugen immer wieder verschiedene Personen, die Schwarze Frau gesehen zu haben. Mal wird sie als Mädchengestalt geschildert, mal als hochgewachsene Frau. Mal soll sie schwebend, mal mit Stöckelschuhen unterwegs gewesen sein. Einige behaupten, sie habe einen Apfel in der Hand gehalten, andere sahen keinen. Durchwegs wird jedoch beschrieben, dass sie Trauerkleidung getragen habe, also ein bodenlanges, schwarzes Kleid mit dazugehörigem Schleier. Der Legende nach ist die Frau eine Art Todesengel der Münchner Residenz und somit ihrer einstigen Bewohner, der Wittelsbacher. Nicht nur den Tod von König Max II. Joseph habe sie angekündigt, sondern auch das Ableben seines Vaters Ludwig I. Selbst vor dem mysteriösen Tod des »Märchenkönigs« Ludwig II. wollen einige Zofen die Schwarze Frau gesehen haben. Dies ist für eingefleischte Ludwig-Fans noch heute der Beweis, dass er – entgegen der Legende, sein Vater habe seine Mutter von einem Bediensteten schwängern lassen – ein waschechter Wittelsbacher war. Rund 100 Jahre, 1969, später träumte Prinz Adalbert von Bayern von einer Frau in Schwarz, wie er seinen Bekannten erzählt haben soll. Wenige Wochen darauf verunglückte sein Sohn bei einem Flugzeugabsturz.

Von Schwarzen Frauen und Todesfeen Der Mythos der Schwarzen Frau der Wittelsbacher hält sich hartnäckig. Dabei scheint es ein solches Phänomen auch in anderen Adelshäusern Europas gegeben zu haben. Demnach habe eine in Weiß gekleidete Frau den Hohenzollern den Tod ihrer Familienoberhäupter angekündigt.

Endlose Gänge, verschachtelte Räume, dunkles Innenleben: Die Münchner Residenz ist wohl der ideale Ort, um einen Geist in der Gestalt einer in Schwarz gekleideten Frau zu sehen.

Zum ersten Mal wollen Gäste des bayerischen Königs die Schwarze Frau auf einer Feier anlässlich des 100-jährigen Jubiläums des Residenztheaters gesehen haben.

Selbst die Kelten glaubten an feenähnliche Gestalten als Vorboten des Abgangs ihrer Herrscher. All diese Sagen haben ihre Parallelen, die Theorien jedoch, wessen Geist als Schwarze oder Weiße Frau in den Häusern spukt, unterscheiden sich.

Mysteriöse Frauen Bayerns als Vorlage Für das Wittelsbacher Exemplar gibt es so einige mögliche Vorlagen. Zum einen wäre da Agnes Bernauer, die Geliebte und vielleicht sogar heimliche Ehefrau des Herzogs von Bayern-München, Albrecht III. Ihre Verbindung war nach der Ansicht ihres Schwiegervaters nicht standesgemäß, weswegen er wohl Agnes 1435 in der Donau ertränken ließ. Zum anderen hätte auch Maria von Brabant allen Grund, sich an den Wittelsbachern zu rächen. Ihr Mann, der bayerische Herzog Ludwig der Strenge, ließ sie 1256 enthaupten, weil er glaubte, sie habe ihn betrogen. Doch auch viele andere Damen der Geschichte kommen für diejenigen, die an die Existenz der Schwarzen Frau glauben, infrage. Etwa die Kurfürstin Henriette Adelaide von Savoyen, der der Brand der Residenz 1674 einen solchen Schrecken eingejagt haben soll, dass sie zwei Jahre später verstarb und seither noch immer in den Gemäuern wandele. Oder Kunigunde von Orlamünde, die im Wahn ihre beiden Kleinkinder ermordet haben soll, um mit dem Mann zusammen sein zu können, in den sie schon jahrelang verliebt war. Um Buße zu tun, stiftete sie schließlich ein Kloster, wo sie auch begraben wurde. Vermutlich waren die Kinder, die nahe ihres Grabes gefunden wurden, jedoch schlicht Reliquien zur Erinnerung an den Kindleinstag und das Bild der sühnenden Mörderin wurde ihr nachträglich angedichtet.

Die Schwarze Frau soll noch heute in der Residenz wandeln Welche Frau auch immer als Vorlage für die Legende dient – es ist gar nicht so lange her, dass jemand die Schwarze Frau gesehen haben will. Neben Prinz Adalbert sei sie auch einem Holzschnitzer in den 1960er-Jahren begegnet. Detlef Wielland war damals Teil eines Restaurationsteams in der Residenz und nächtigte auch – oftmals allein – dort. In einem Buch, das er nachträglich mit einem Bekannten verfasste, behauptet er, eines Nachts am Gang zu seinem Zimmer den »trippelnden Schritt einer Frau, die hochhackige Schuhe trug« gehört zu haben. Die Tür habe sich geöffnet, und in der Dunkelheit habe er die Gestalt einer Frau erkannt, die ein altmodisches, schwarzes Kleid zu tragen schien. Bis er aus dem Bett kam und das Licht einschalten konnte, sei sie auch schon wieder verschwunden gewesen. Selbst 2014 meinte eine Mitarbeiterin der Residenz, die Schwarze Frau gesehen zu haben. An dem Tag sei nicht viel los gewesen, und sie habe als Aufsicht im Museum gearbeitet. Als sie leise durch einen der Räume schritt, habe sie aus dem Augenwinkel gesehen, wie ein in Schwarz gekleidetes Mädchen durch den Türrahmen des Nebenzimmers geschwebt sei. Danach keine Spur mehr von der Gestalt. Gestorben ist danach jedoch keiner der Wittelsbacher.

Das besondere Erlebnis

Das Residenzmuseum besuchen – mit besonderem Augenmerk auf die Zimmer der Welt und der Elemente, wo die Mitarbeiterin 2014 die Schwarze Frau gesehen haben will. Für besonders Gruselbegierige werden auch nächtliche Stadtführungen angeboten, währenddessen man angeblich dem Geist der Residenz höchstpersönlich begegnen kann.

Die Schwarze Frau ist nicht bloß eine Legende der Vergangenheit; noch 2014 will eine Mitarbeiterin des Residenzmuseums die Todesbotin gesehen haben.

33 Die Geschichte der Münchner Polizei in der Ettstraße

Von Mördern, Geiselnehmern und Attentätern

Wer die Ausstellung über die Geschichte der Münchner Polizei im Münchner Polizeipräsidium besucht, dem wird ganz sicher der ein oder andere Schauer über den Rücken laufen. Seit 2011 können interessierte Besucher in der Ettstraße allerlei Interessantes über die Arbeit und Geschichte sowie Details zu bekannten Münchner Kriminalfällen erfahren.

München, Oberbayern **Ort** Ettstraße 2, 80333 München **GPS** 48.138932, 11.571680 **Anfahrt** Mit der U- oder S-Bahn zum Karlsplatz (Stachus) und dann über die Neuhauser Straße bis zur Ettstraße

Historische Kriminalfälle Die Ausstellung beginnt mit dem Bezug des Gebäudes im Jahr 1913 und führt die Besucher dann durch die verschiedenen Epochen bis hin zu aktuellen großen Einsätzen und Fällen. Ein Schwerpunkt liegt auf historischen Kriminalfällen. Den jeweiligen historischen Stationen wird jeweils ein aktuelles Thema aus der Gegenwart gegenübergestellt, das die heutige Polizeiorganisation sowie die Fortschritte im Bereich Prävention darstellt. Ausstellungsstücke sind etwa die Tatmesser des Münchner Sexualmörders Johann Eichhorn, die Maske ei-

Grusel garantiert: Polizeimuseum in der Ettstraße

nes der Geiselnehmer in der Prinzregentenstraße 1971 oder die Kleidung eines der Attentäter vom Münchner Olympia-Attentat 1972. Die absolut schreckliche Geschichte des Sexualmörders Johann Eichhorn soll hier stellvertretend geschildert werden.

Hier kann man auch die originalen Tatwaffen des Serienmörders Johann Eichhorn genauer unter die Lupe nehmen.

Der Sexualmörder Johann Eichhorn (1906–1939) war das Kind zweier Tagelöhner, die zwar kaum Geld verdienten, sich aber um ihre Familie kümmerten, so gut es eben ging. Er war aber auch der Enkel des Serienmörders Johann Berchtold, des »Maxvorstadt-Würgers«. Eichhorn beendete die Volksschule und machte eine Lehre als Schlosser. Er war bei der Deutschen Reichsbahn als Rangierer eingestellt, wo er als hilfsbereit und zuverlässig galt. Eichhorn wusste schon früh, dass sein Verhältnis zu Frauen nicht normal war, da ihn »schmusen« nicht erregte; ihn erregte nur Gewalt. Seine ersten Vergewaltigungsopfer waren wohl seine beiden Schwestern. Erstes Mordopfer war die 16-jährige Katharina Schätzle aus Wolnzach, die er 1931 auf dem Oktoberfest kennenlernte. Einige Tage später machte er eine Fahrradtour mit ihr. Auf dieser riss er sein Opfer vom Rad, vergewaltigte und erwürgte sie und warf die junge Frau anschließend in die Isar. Bis 1939 vergewaltigte Eichhorn 90 Frauen und ermordete vier weitere. Stets schoss er ihnen in den Kopf und verstümmelte dann die Leichen. Seit 1935 war er mit Josefa Eichhorn verheiratet, mit der er auch zwei Kinder hatte.

Ein »außergewöhnlich triebhafter Psychopath« Bei seinem Versuch, 1939 ein zwölfjähriges Mädchen zu überfallen, wurde Eichhorn von Passanten beobachtet und überwältigt. Schon vor Jahren hatte die Münchner Polizei eine Sonderkommission eingerichtet, um die Morde aufzuklären; aber es gelang nicht, den Serienmörder ausfindig zu machen. Eichhorn wurde zum Tod durch das Fallbeil verurteilt. Seine Frau Josefa ließ sich scheiden, wechselte den Familiennamen und zog

Die Polizeiwache in der Ettstraße: Ein schönes Gebäude, das grausige Artefakte beherbergt.

Rechte Seite: 1939 wurde die »Bestie von Aubing« zum Tod durch das Fallbeil verurteilt.

an einen anderen Ort. Eichhorn schrieb aus dem Gefängnis einen Abschiedsbrief an seine ehemalige Frau und seine zwei Kinder: »Nachdem ich schweres Unrecht begangen habe, muß ich auch mit furchtbaren Folgen rechnen. (...) Ich selbst äußerte den Wunsch, Euch nicht mehr zu sehen.« Das Urteil an der »Bestie von Aubing« wurde am 1. Dezember 1939 im Strafvollstreckungsgefängnis München-Stadelheim vollstreckt. Wirklich außergewöhnlich erschreckend ist auch die Tatsache, dass Eichhorn, der bis heute als einer der grausamsten Mörder der deutschen Kriminalgeschichte gilt, relativ unbekannt ist. Erklärt werden kann das nur dadurch, dass er NSDAP-Mitglied war und somit unter „besonderem Schutz" stand.

Hinweis: Die Besuche können nur nach Vereinbarung stattfinden. Für Kinder unter 14 Jahren ist die Ausstellung nicht geeignet!

Das besondere Erlebnis

Wer in der Ettstraße auf den Geschmack gekommen ist, was die Geschichte der Polizei angeht, der sollte unbedingt einmal einen Ausflug nach Ingolstadt unternehmen. Dort befindet sich das Bayerische Polizeimuseum und somit viele weitere spannende Ausstellungsstücke zum Thema True Crime aus über 100 Jahren Polizeigeschichte.

Kapitel 17:
Gähnende Leere in Pasing – was sich hier wohl einst zugetragen hat?

KINGZ

Kapitel 1:
Langsam, aber sicher versucht die Natur, sich das Gelände des ehemaligen S-Bahnhofs zurückzuerobern

Register

Impressum

Verantwortlich: Dr. Johannes Abdullahi
Lektorat: Franka Virteburch
Korrektorat: Ralf J. Klumb | The Wordworms
Layout und Umschlaggestaltung: BUCHFLINK Rüdiger Wagner
Covergestaltung: Rudi Stix
Repro: LUDWIG:media
Herstellung: Alexander Knoll
Printed in Slovenia by Florjancic

★★★★★

Sind Sie mit diesem Titel zufrieden? Dann würden wir uns über Ihre Weiterempfehlung freuen.
Erzählen Sie es im Freundeskreis, berichten Sie Ihrem Buchhändler, oder bewerten Sie bei Onlinekauf. Und wenn Sie Kritik, Korrekturen, Aktualisierungen haben, freuen wir uns über Ihre Nachricht an Bruckmann Verlag, Postfach 40 02 09, D-80702 München oder per E-Mail an lektorat@verlagshaus.de

Unser komplettes Programm finden Sie unter www.bruckmann.de

Alle Angaben dieses Werkes wurden von den Autorinnen sorgfältig recherchiert und auf den neuesten Stand gebracht sowie vom Verlag geprüft. Für die Richtigkeit der Angaben kann jedoch keine Haftung übernommen werden, weshalb die Nutzung auf eigene Gefahr erfolgt. Insbesondere bei GPS-Daten können Abweichungen nicht ausgeschlossen werden. Sollte dieses Werk Links auf Webseiten Dritter enthalten, so machen wir uns die Inhalte nicht zu eigen und übernehmen für die Inhalte keine Haftung.

In diesem Buch wird aus Gründen der besseren Lesbarkeit das generische Maskulinum verwendet. Weibliche und anderweitige Geschlechteridentitäten werden dabei ausdrücklich mitgemeint, soweit es für die Aussage erforderlich ist.

Empfehlung der Redaktion Sie sind auf der Suche nach weiterführender Literatur? Dann empfehlen wir Ihnen den Titel »Das Buch der unheimlichen Orte in Bayern« von Fritz Fenzl und Raphael Lichius.

Die Bilder im Innenteil und auf dem Umschlag stammen von den Autorinnen außer: 58: Timo Nausch/ Shutterstock; 66: Public Domain; 68/69 unten: Heidelberger Druckmaschinen AG,Wellcome Library, London; 78/79: orxy/Shutterstock; 81: Martin Falbisoner; 82, 83, 84/85: Ichikawa Soft Laboratory; 102: imago images/H. Tschanz-Hofmann; 121: Bundesarchiv, Bild 102-00881; 122 oben: Münchner Stadtmuseum; 122 unten: Tim Schredder/Wikipedia; 123 oben: Bundesarchiv, Bild 102-00882; 123 unten: Look / age fotostock; 130/131 Julia Vogl.

Umschlagvorderseite: Alter Münchner Südfriedhof (Kapitel 2)
Umschlagrückseite: Der Geisterbahnhof am Olympiapark (Kapitel 1)

Die Deutsche Nationalbibliothek verzeichnet diese Publikation in der Deutschen Nationalbibliografie; detaillierte bibliografische Daten sind im Internet über http://dnb.d-nb.de abrufbar.

ISBN: 978-3-7343-2049-1